全国民族教育研究课题合作项目资助（项目批准号：MJZXHZ16005）

民族院校治理的社会介入机制

赵锐　胡炳仙　著

吉林大学出版社
长春

图书在版编目（CIP）数据

民族院校治理的社会介入机制 / 赵锐，胡炳仙著
.—长春：吉林大学出版社，2019.3
ISBN 978-7-5692-4444-1

Ⅰ.①民… Ⅱ.①赵… ②胡… Ⅲ.①民族学院－高等教育－学校管理－研究－中国 Ⅳ.① G758.4

中国版本图书馆 CIP 数据核字（2019）第 048992 号

书　　名　民族院校治理的社会介入机制

作　　者：赵　锐　胡炳仙　著
策划编辑：卢　婵
责任编辑：卢　婵
责任校对：云　宇
装帧设计：汤　丽
出版发行：吉林大学出版社
社　　址：长春市人民大街 4059 号
邮政编码：130021
发行电话：0431-89580028/29/21
网　　址：http：//www.jlup.com.cn
电子邮箱：jdcbs@jlu.edu.cn
印　　刷：北京虎彩文化传播有限公司
开　　本：787mm × 1092mm　　1/16
印　　张：10
字　　数：130 千字
版　　次：2019 年 3 月　第 1 版
印　　次：2019 年 4 月　第 1 次
书　　号：ISBN 978-7-5692-4444-1
定　　价：54.00 元

前　言

利益是现代大学治理的逻辑起点，也是社会利益主体介入高校的内在动因。党的十八大以来，高等教育治理能力和治理体系现代化建设已经成为建设高等教育强国的重要目标。民族院校是国家为解决中国民族问题而建立的综合性普通高等学校，是我国独具特色的民族高等教育形式。目前已有 25 所。近年来，民族院校的治理能力有很大提高，体现在民族院校办学自主权得到扩大。但是，相比其他高校，我国民族院校在治理水平上还存在很大差距：国际化水平较低，教育民主化与社会化程度较低，校长治校、教授治学等现代大学制度尚未真正建立起来，办学水平和人才培养质量较差，难以满足进一步提升少数民族和民族地区的服务水平的需求。要提升人才培养质量以及服务水平，民族院校需要获得各方面支持，需要社会参与和介入自身治理。

《民族院校治理的社会介入机制》基于经济人的假设，采用“理论探讨—实证研究—政策设计”的思路，分析影响民族院校治理的社会利益主体的结构类型、具体构成、利益诉求及行为特征，调查社会利益主体介入民族院校治理的后果，通过历史分析与国际比较，探究社会利益主体介入民族院校治理的有效机制。

通过研究，我们发现，经过60多年的发展，经历了起步、转型、创新三个发展阶段，民族院校已经由政策性的干部培训学校发展成普通高等学校。在市场经济条件下，多重利益主体相互交织，形成了学生家长、企事业用人单位等直接利益群体，也形成了与学校具有契约关系的科研经费提供者、产学研合作者等间接利益群体；如校友、财政拨款者的重要利益主体和当地社区和社会公众的边缘利益群体。众多利益群体中，政府、学生家长、用人单位、当地社区和社会公众是常见的需要高度重视的外部利益群体。主要外部利益群体在参与民族院校治理过程中，出现了两多两少现象，即政府参与多，用人单位参与少；学生（家长）参与少，当地社区参与增多。

创新民族院校治理的社会介入新机制，需要坚持党的领导，履行民族院校新时代使命；也需要建立健全教育法制，完善民族院校现代大学制度；建设服务型政府，积极履行政府的民族院校改革发展中的主导责任；需要完善协商民主制度，积极发挥直接利益群体的影响力。

本书是全国教育科学规划教育部重点课题《社会介入民族院校治理的机制研究》（DIA130288）的最终研究成果，出版获中南民族大学教育学一级学科博士点建设基金和教育部民族教育发展中心民族教育政策与法规重点研究基地资助。本书主要有三大读者群体，一是民族院校、民族地区高校广大师生，二是全国从事高等教育教学、研究的同行，三是教育管理部门实际工作者。

目　录

第一章 绪 论

第一节 问题的提出

党的十八大提出国家治理能力和治理体系的现代化的目标。民族院校是国家为解决中国民族问题而建立的综合性普通高等学校，是我国独具特色的民族高等教育形式。目前已有 25 所。近年来，民族院校的治理能力有很大提高，体现在民族院校办学自主权得到扩大。但是，相比其他高校，我国民族院校在治理水平上还存在很大差距：国际化水平较低，教育民主化与社会化程度较低，校长治校、教授治学等现代大学制度尚未真正建立起来，办学水平和人才培养质量较差，难以满足进一步提升少数民族和少数民族地区的服务水平的需求。要提升民族院校的人才培养质量以及服务水平，就需要获得各方面支持，需要社会参与和介入民族院校治理。

第二节 文献综述

1. 关于大学治理的研究。大学治理起源于美国，目前已形成的研究成果主要有：

（1）制度变迁的视角，主张制度及其变迁是影响大学治理的内生力量。国外研究主要以 Salipante P.（1991）为代表，认为在大学治理过程中应当引入渐进制度变迁的思想。国内熊庆年、代林利（2006）则认为，我国大学治理结构演变的根本原因在于利益主体的多元和分化，利益主体之间的矛盾冲突造成了大学治理结构不同的历史形态。史彩霞（2008）的研究表明，我国大学治理结构的变迁始终以强制性变迁为主要推动力。

（2）组织理论的视角，认为大学组织的功能与结构影响大学的治理结构和治理能力。国外方面，Birnbaum R.（1991）运用控制论的思想分析了学术组织的权力机构和学术评议会的机制安排。Gaberiel E. Kaplan（2009）认为教师治理体系与行政治理体系之间的目标和利益冲突并不明显，大学治理结构与绩效的关系微弱。Adrianna J. Kezar（2004）则认为在大学治理过程中，领导能力和人际关系比治理结构更重要。国内楚红丽（2009），赵霖平、王林芳（2005）认为解决高校委托代理问题的关键是设计激励、约束和竞争制度来排斥信息效率低下和激励不兼容问题。政府目标与公立高校经营者目标一致性越强，高校运行效率越高。

（3）利益相关者的视角，认为大学治理的关键在于建立利益相关者参与共同决策和相互制衡的机制。国外 Birnbaurm R.，Susan W. Johnstan（2008）认为，大学治理是为了协调大学理事会体系与教师体系的平衡而设计的结构与过程，教师参与管理对于有效的大学治理有重要意义。Gaberiel E. Kaplan（2007）观察到，在大学治理过程中，相关利益群体之间存在复杂的正式与非正式的利益联系。Miguel A. Escotet（2008）认为，目前的大学治理走向控制模式和自治模式两个极端，需要协调外部治理与内部治理之间的关系，建立学习者、教学人员和管理人员的共生结构。国内学者张维迎（2004）认为，大学治理结构必须平衡所有利益相关者的利益，必须以社会价值为目标，而不能以现有的教员或学生的利益为目标。胡仁东（2005），潘海生、张宇（2009）认为不同的利益相关者在大学有不同的利益诉求，通过不同途径和方式对大学产生影响，形成了大学的利益结构。

（4）融资结构的视角，认为融资结构是研究公立大学治理结构问题的一把钥匙。政府、企业和大学共同构成大学融资结构的基本主体。日本学者矢野真和（2008）提出资金筹措形态和大学理念、大学质和量有直接联系。国内学者陆根书（2009）通过考察发现，教育的融资结构与高校教育和科研质量之间存在显著相关。陈省平、黄玛莉、庄宁（2013）认为应当加强横向科研项目的力度，从多方面激励横向科研的开展。

2. 关于社会介入大学治理的研究。国内外学者关于社会介入大学治理的研究，主要有以下观点：

（1）服务说。该观点从大学对社会的财政依赖性角度提出，只有为社会服务，大学才能生存与发展。John Bruberger（1991）认为，如果大学拥有大量知识而不将其用于实践，那么公众就不再为大学提供经费。国内周光礼（2007）从大学对社会的物质依赖性和利益相关性的角度支持该观点：

（2）责任说。该观点从法律角度提出，学术自由必须遵守法律，大学治理需要社会介入，以保证其道德责任和法律责任。如 Walstern（2003）认为“学术自由不能免除宪法的义务，也不能排除其他法律责任”。姜新华（2008）认为，学术自由在运用过程中存在滥用现象，社会介入大学治理有利于促进大学治理的健康发展。

（3）效率说。该观点从办学效率的角度提出，只有通过对高校的社会干预，才能保证投入与产出的高效率，提高大学办学质量。如 Burton R. Clark（1997）强调必须建立介于国家和高校间的缓冲组织，以提高办学经费的使用效益。EL. Khawas（2007）认为高校应当在学校发展规划的基础上与社会各界建立积极的合作伙伴关系。刘承波（2008，2012）认为，在新形势下，我国公立高校需要走向共同治理。

简述：上述研究过于注重理论设计，对我国大学治理现实缺乏实证研究，对利益相关者参与大学治理的机制问题，也就是“参与什么、如何参与的问题”的研究十分薄弱。因此，迫近民族院校的治理真相，打开社会介入的“黑箱”，建立社会介入的有效机制，有助于民族院校提升自身的治理能力，提高民族院校的办学水平，也有助于加强民族院校与民族地区的血肉联系，为民族地区经济社会发展和民族团结稳定做出贡献。

第三节　研究设计

一、基本思路

本研究基于“经济人”前提假设，沿着“理论探讨—实证研究—政策设计”的思路，分析影响民族院校治理的社会利益主体的结构类型、具体构成、利益诉求及行为特征，调查社会利益主体介入民族院校治理的后果，通过历史分析与国际比较，探究社会利益主体介入民族院校治理的有效机制。

二、研究内容

本研究包括以下几个部分：

第一部分，民族院校治理的基本原理。利益是现代大学治理的逻辑起点，也是社会利益主体介入民族院校治理的内在动因。本研究在查阅大量文献的基础上，对核心概念如民族院校、大学治理、社会介入进行界定，对相关概念如治理与管理、机制与制度、社会介入与社会干预进行辨析。

第二部分，考察民族院校的社会利益主体形成的历史轨迹。目前，民族院校已由政策性高校发展成普通高校，在市场经济体制下，民族院校的社会利益主体发生了质的变化，目前已形成了地方政府、企事业单位、民间社团、社会公众、学生家长等多重社会利益主体，其中直接利益主体为学生家长、用人单位等；重要利益主体为校友和财政拨款者等；间接利益主体为与学校有契约关系的当事人，如科研经费提供者、产学研合作者、校外实践教学基地、贷款提供者等；边缘利益主体包括当地社区和社会公众等。

第三部分，调查分析不同社会利益主体对民族院校的利益诉求现状及结构特点。选取学生家长、用人单位、校友、当地社区为调查对象，调查分析不同社会利益主体对民族院校办学的满意程度，刻画不同社会利益主体对民族院校的利益诉求。社会介入的内容包括大学决策、组织、协调和咨询等方面。

第四部分，探索新形势下社会利益主体介入民族院校治理的新机制。通过比较美国和加拿大等国部分学院治理中的社会介入模式，分析社会介入民族院校治理的有利条件和面临的主要制约因素，围绕建设现代大学制度的目标，提出创新社会介入民族院校治理机制的原则、重点以及相关的制度安排。这种社会介入机制的核心是政府、高校和社会相结合的监督反馈机制，必须坚持政府主导下的渐进式制度创新路径，不断完善相关制度安排如教育产权制度和激励约束机制。

（一）研究方法

1. 历史分析法：通过相关历史文献研究，描绘出我国民族院校社会主体利益演变轨迹。

2. 比较分析法：通过比较美国和加拿大等国部落学院治理中的主要社会介入模式，提出社会利益主体介入大学治理的形式类型。

3. 调查分析法：选取三所不同类型民族院校的学生家长、用人单位、校友、当地社区为调查对象，采用问卷调查、电话访谈相结合的方式，调查不同社会利益主体对民族院校办学的满意程度，运用数据统计软件，对调查数据进行统计分析，刻画不同社会利益主体对民族院校的利益诉求，归纳分析我国当前社会利益主体的结构类型及行为特征。

（二）技术路线

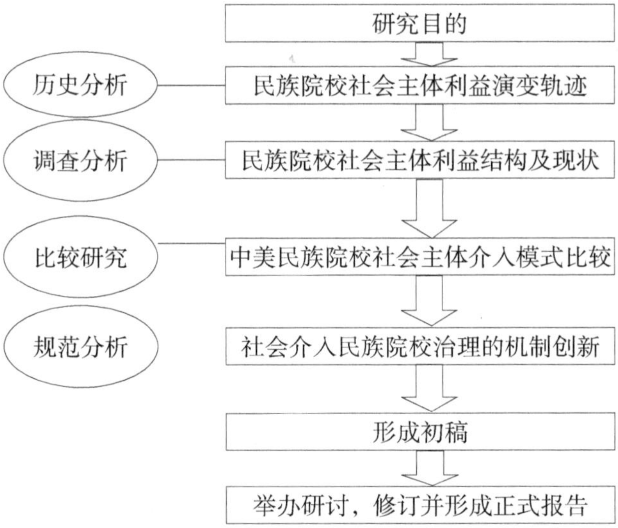

图 1–1

第二章 我国公立院校社会利益主体结构及其利益诉求特征

第一节 我国公立院校治理结构——以大学章程为例

我们国家的公立院校发展史不妨说是一部国家政策主导下的大学治理变迁史。根据《高等教育法》的规定，国家举办的高校实行党委领导下的校长负责制。中国共产党高等院校基层委员会按照中国共产党的章程和有关规定统一领导高校工作，支持校长独立负责地行使职权。因此，我国公立院校内部治理结构及其模式的变迁与政府的影响与作用息息相关，政府的政策是高等院校治理变迁的主导力量。而大学章程内容的表达必须做到准确地把握和规范细化大学治理结构。

一、我国公立院校章程建设及其问题

（一）大学章程

《汉书·高帝纪下》有云："天下既定，命萧何次律令，韩信申军法，张仓定章程。"古时，章程便被视为治国平天下的具有纲领性和权威性的文书。《辞海》对"章程"的定义是"用书面形式规定的关于一定的组织

及其他重要事项的文件。[①] 在新制度主义的视角中，这些由符号、物质资源和相关行动等构成的规范文书具有长期的稳固性和牢固性，能在复杂的社会环境中不断实现再维持和生产。所以，章程具有两大特性：其一是稳定性。一旦组织或社会团体将章程制定并实施生效便不得再肆意更改，必要时如果要修订更改都应该严格履行特定的修改程序和手续。其二是约束性。章程的法律效力由章程制定的组织及团体内部的成员共同实施遵从，这种高度的权威性规约着成员的行为。

大学章程的萌芽可以追溯到欧洲中世纪，当时国王或教皇为大学颁发具有法律效力的特许状，确保大学独立自主录取招收学生、开设和安排课程、聘任教师讲课。就如大学的不断发展一样，大学章程也在几百年间进行着自我变革。大学章程不再是寥寥数语所能囊括，而是对大学各方面都具有统摄作用的纲领性文件。由于不同历史时期、各个国家大学发展的差异性，各国对大学章程的认识均有不同，从对大学章程的表述方面便可见一斑。例如，“University ordinance”（大学条例），“Statutes of the University”（大学章程），“charter”（宪章、特许状），“by laws”（地方法规），“organic-law”（法令）、Constitution（宪法）等多种表述。但尽管表述各异，其都具有一致性和相似性的本质特征，那就是大学办学必须依据章程。在我国，对大学章程的内涵，不同的学者观点并不完全一致。别敦荣教授基于章程的政策性这一特殊属性，将大学章程定义为“在现实的办学环境下解决内外部管理中某些突出问题的政策文件”。[②] 马陆亭认为，大学章程是大学基于自主办学和社会以及政府这些外部环境对大学实施影响而协商的产物，体现了大学的使命要求。[③] 从法人治理的维度，周光礼归纳了大学章程的三个特点：从形式上来说，大学章程是政府与公办高校签署的行政契约；从内容上看，大学章程既是办学许可证，也是治理委员会和管理层的运行规则；从效力上看，大学章程是法律的延续，对政府、

---

① 夏征化．辞海［M］．上海：上海辞书出版社，1999：5765.

② 别敦荣．论我国大学章程的属性［J］．高等教育研究，2014（2）：19-26.

③ 马陆亭．大学章程地位与要素的国际比较［J］．教育研究，2009，30（06）：69-76.

公办高校、理事、管理人员等均具有约束力。[①] 基于公立院校治理研究的逻辑，本书将大学章程定义为：各高校依据教育法等法律法规制定的院校里最权威、最规范的纲领性文件，它以文本的形式保证了高校的依法治理效力，保证了大学各项工作顺利运转，保证了高校内部及有关的利益资源的调整和分配的合理。简单来说，大学章程是大学的“宪法”，是大学的立校之本。

（二）我国公立高校章程的发展历程

1. 萌芽阶段（1898—1911 年）

我国大学章程的萌芽最早可以追溯到唐朝白鹿洞书院的《白鹿洞书院揭示》，但是这些院规和训示与我们今天所谈及的现代意义上的大学章程相去甚远。因此，本书以我国近代第一所新式高等学校——京师大学堂的建立为时间起点来研究我国公立院校章程的历史发展。1898 年，京师大学堂成立之时制定并颁布了《京师大学堂章程》，该章程里规定了学堂的办学定位、管理体系、学源问题等方面的内容。除此之外，京师大学堂还对教师和学生的权利与义务进行了详细的规定，这些具体的实施细则为大学堂提供了管理、运营的依据和保障。[②]1904 年，张百熙等人上奏请求颁布了《奏定大学堂章程》，它是大学堂的第三个章程，一直沿用到 1911 年清政府终结，正式标志中国近代高等教育制度的确立。

2. 形成阶段（1912—1960 年）

辛亥革命的成功为中国大学的办学理念带来了西方的思想，这一时期，国民教育部颁布了许多教育法令。其中以《大学令》为代表，引进了德国高校的“大学评议会”“教授治校”的高校治理观念。1927 年，梅贻琦为清华学校亲自拟定了《清华学校组织大纲》。此外，通过读秀知识库的检索，还可以找到大量民国时期的大学章程，如《复旦大学章程》等。中华人民

---

① 周光礼. 从管理到治理：大学章程再定位[J]. 湖南师范大学教育科学学报，2014，13(02)：71-77.

② 孙培青. 中国教育史［M］. 上海：华东师范大学出版社，20；91.

共和国成立后，由于大学逐渐转化为政府的附属机构，其一切活动都在政府的统一管控之中，大学的办学自主权受到很大程度的制约，更谈不上拥有独立的法律地位。虽然中华人民共和国成立以后，教育部曾经公布过《北京师范大学章程》，但是直至《中华人民共和国教育法》和《中华人民共和国高等教育法》的颁布，我国教育法律法规中也没有与大学章程相关的规定，这在一定程度上造成了我国大学章程在大学制度建设中的缺失。

3. 发展阶段（1961 年至今）

1961 年，经中央的批准我国开始试行《教育部直属高等学校暂行工作条例（草案）》，这一条例对国家直属院校的教学、科研、学生和教师权利义务等六十项条款做了规定，也称“高教六十条”。改革开放以后，随着我国经济体制改革的不断深入，高等教育得到了飞速发展，高校的办学自主权呼声越来越高，大学章程成为大学法人办学实践的需要，一些高校开始尝试制定各自的大学章程。在《教育法》和《高等教育法》的规定下，大学章程成为高校设立的必要条件之一。1995 年颁布的《教育法》第 26 条明确规定：“设立院校及其他教育机构，必须具备以下基本条件：（一）有组织机构和章程……”并明确规定“院校及其他教育机构的章程是指院校及其他教育机构为了实现正常运行，对其办学宗旨、管理体制、财务活动等基本的、重大的问题，做出全面规定而形成的自律性基本文件”。同年 8 月，国家教委下发了《关于实施〈中华人民共和国教育法〉的若干意见》，进一步指出，“各级各类院校及其他教育机构，原则上应实行‘一校一章程’”。根据《教育法》的精神和要求，1998 年颁布的《高等教育法》明确要求高等院校必须具备章程，并对高等院校章程应当载明的事项做出规定。1999 年 12 月，教育部在《关于加强教育法制建设的意见》中再次强调，“各级各类院校特别是高等院校要提高依法管理院校的意识，依据法律、法规的规定，尽快制定、完善院校章程，经主管教育行政部门审核后，按章程依法自主办学”。此后，党和国家不断地通过各种政策性文件指出制定大学章程的紧迫性和重要性。2003 年 7 月，教育部在《关于加强依法治校工作的若干意见》中再次重申，“院校要依据法律法规制定和完善院校章程，经主管教育行政部门审核后，作为院校办学活动的重要依据”。同年11月，教育部发布《教育部办公厅关于开展依法治校示范校创建活动的通知》指出创建“依法治校示范校”一票否决的三个条件中的第一个条件就是“没有章程”一票否决。2006年6月中旬，教育部在吉林大学召开了“直属高校依法治校工作经验交流会”，对大学章程制定工作做了明确要求和广泛动员。《国家中长期教育改革和发展规划纲要（2010—2020年）》明确提出，完善中国特色现代大学制度，要加强章程建设，各类高校应依法制定章程，依照章程规定管理院校。自此，我国大学章程的制定工作才被真正提上日程。

制度文明是高水平大学的重要标志，现代大学制度是涉及大学内部治理结构以及大学与政府、大学与社会关系的综合命题。如今现代大学制度是我国高等教育面临的一大时代课题，因此院校制定章程则是对这一时代课题的科学探讨。截至2017年2月7日，中华人民共和国教育部政策法规司公布的高等院校章程核准书仅113部，对于我国公立院校庞大的基数来说可谓是凤毛麟角。绝大多数院校依然是处于无章办校的状况，如此的一所大学，不过是将依法治校作为嘴边随口的“口号”，“自主管理”的权力更无从谈起，也无法符合国际高等教育的规章。

二、我国公立院校章程建设现状分析

大学章程是高等院校办学的规范性基础文件，可谓为一所大学的“宪法”，主要是为保证院校的正常运行，就办学宗旨、内部管理体制等重大的、基本的问题，做出全面规范而形成的自律性基本文件。[①]章程不仅是作为法人组织的大学所需要的硬性条件，更是政府、家长、社会公众及其他利益相关者依法治校的重要依据。高等教育大众化运动的迅猛展开，最突出的表现是高等教育毛入学率从1999年10.5%一路迅猛增长到2002年的

① 陈立鹏．关于我国大学章程几个重要问题的探讨［J］．中国高教研究，2008（7）：19-22.

15%，到 2015 年达到 40%；与之对应的是，2015 年高等教育在校总人数达 3647 万，居世界第一，各类高校 2852 所，居世界第二。① 庞大的学生群体涌入这座“象牙塔”，高校治理必然要依赖章程的制定来落实工作。根据《中华人民共和国高等教育法》《国家中长期教育改革和发展规划纲要（2010—2020 年）》《高等学校章程制定暂行办法》《学校教职工代表大会规定》《高等学校学术委员会规程》等相关法律法规的颁布，我国公立高等院校正式开始落实章程的制定工作。2013 年 11 月 28 日，首批高等院校的章程获得教育部的正式核准，这些高校分别是：中国人民大学、东南大学、东华大学、上海外国语大学、武汉理工大学和华中师范大学。截至 2017 年 2 月 7 日，中华人民共和国教育部政策法规司公布的已核准的高校章程有 113 部。

表 2–1　我国公立院校制定章程名单

地区	高校名单
华北	中国人民大学章程，天津大学章程，北京外国语大学章程，北京大学章程，清华大学章程，中国农业大学章程，南开大学章程，北京师范大学章程，北京理工大学章程，北京航天航空大学章程，中央民族大学章程，北京科技大学章程，中央财经大学章程，对外经济贸易大学章程，北京交通大学章程，中国传媒大学章程，中国政法大学章程，北京中医药大学章程，北京化工大学章程，北京林业大学章程，中国矿业大学（北京）章程，中国地质大学（北京）章程，中国石油大学（北京）章程，中央音乐学院章程，北京邮电大学章程，中国人民武装警察部队学院章程，北京电子科技学院章程，中国人民公安大学章程，公安海警学院章程，中国劳动关系学院章程，北京协和医学院章程，防灾科技学院章程，华北科技学院章程，国际关系学院章程，中国科学院大学章程，外交学院章程，北京语言大学章程，中央戏剧学院章程，中央美术学院章程，中国民航大学章程，中华女子学院章程，北京邮电大学章程
华东	华东大学章程，上海外国语大学章程，上海交通大学章程，同济大学章程，上海财经大学章程，山东大学章程，华东师范大学章程，浙江大学章程，中国海洋大学章程，复旦大学章程，南京大学章程，厦门大学章程，中国科学技术大学章程，华东理工大学章程，河海大学章程，合肥工业大学章程，江南大学章程，中国石油大学（华东）章程，中国药科大学章程，南京农业大学章程，南京理工大学章程，南京航空航天大学章程，公安海警学院章程，上海海关学院章程，南京森林警察学院章程，南京航空航天大学章程，南京理工大学章程

① 中国教育部 . 首份高等教育质量“国家报告”出炉 .［EB/OL］.［2016-04-08］.

续表

地区	高校名单
华中	武汉理工大学章程，华中师范大学章程，武汉大学章程，中南大学章程，华中科技大学章程，湖南大学章程，中国地质大学（武汉）章程，华中农业大学章程，中南民族大学章程，铁道警察学院章程
西南	四川大学章程，西南大学章程，重庆大学章程，电子科技大学章程，西南财经大学章程，西南民族大学章程，中国民用航空飞行学院章程
东北	吉林大学章程，东北师范大学章程，东北大学章程，大连理工大学章程，哈尔滨工业大学章程，东北林业大学章程，大连海事大学章程，华北电力大学章程，哈尔滨工程大学章程，中国刑事警察学院章程，哈尔滨工程大学章程，大连民族大学章程
华南	东南大学章程，中山大学章程，华南理工大学章程，暨南大学章程，广州民航职业技术学院章程
西北	西北农林科技大学章程，兰州大学章程，西安交通大学章程，西北工业大学章程，陕西师范大学章程，西安电子科技大学章程，长安大学章程，西北民族大学章程，北方民族大学章程

（资料来源：以教育部政策法规司公布的章程获得，截至 2017 年 2 月 7 日）

从表 2-1 可以看出，目前我国教育部核准了的 113 部大学章程主要是华北及华东地区高校的章程，这两个地区分别占总比的 38% 和 24%，其中西南和华南地区核准了章程的高校有所欠缺，不过可喜的是章程制定对于高校建设的意义已被许多高校所重视。

为了更好地研究我国公立院校章程制定的现状，本书将选取 10 所较早完成章程制定并且具有代表性的公立院校进行章程的文本分析，这些高校分布在我国的东西南北中，有国内优秀的综合性研究大学，也有主要以师范、农林、民族、医药学、财经为办学特色的综合大学，选取的高校类型多元、地处各方，对于研究我国公立院校治理具有比较全面的意义。这些高校分别是中国人民大学、东南大学、同济大学、华中师范大学、四川大学、西北农林科技大学、北京大学、中国药科大学、中南民族大学、上海财经大学、四川大学，通过以上高校被核准的章程作为文本研究样本，通过文本的内容、制定、实施三个方面来分析我国高校治理的情况，总结我国基于大学章程的治理结构的发展情况。

（一）我国公立院校章程的内容现状

1. 篇幅与文本结构

大学章程的篇幅与文本结构反映章程的内容特色与制定情况，本章所选的 10 所学校的篇幅与文本结构如表 2–2 所示。

表 2–2　我国公立院校章程——篇幅与文本结构

学校	篇幅结构	内容结构
中国人民大学	9 章，74 条	总则；学生；教职员工；管理体制与组织机构；教学科研机构；财务、资产、后勤；学校与社会；学校标识；附则
东南大学	13 章，86 条	总则；举办者与学校；教职工；学生；中国共产党东南大学委员会、纪律检查委员会及党委部门；校长、校长办公室及行政部门；学术组织；教职工代表大会、学生代表大会及群众组织；学院；其他机构；经费、资产及其管理制度；校训、校旗、校标、校徽、校歌、校庆日及学校网址；附则
同济大学	7 章，88 条	总则；教师员工与学生；组织与机构；经费、资产与后勤；外部关系；学校标识；附则
华中师范大学	9 章，81 条	总则；举办者与学校；学校基本制度；学校的组织机构；学生及校友；教职员工；资产、经费、后勤和校园；社会服务与交流合作；附则
西北农林科技大学	13 章，86 条	总则；学校与举办者；管理体制与机构设置；学院管理；学科与专业管理；岗位管理；财务与资产管理；教职工；学生；校友；学校与社会；校训、校徽、校旗、校歌、校庆日；附则
北京大学	9 章，56 条	总则；职能；人员；组织机构；教学科研单位；资产、财务；校友及社会；标识与校庆日；附则
中国药科大学	11 章，67 条	总则；教职员工；学生；领导体制和决策机制；组织机构；学术体制；民主管理；学校与社会；资产、经费和后勤；学校标识；附则
中南民族大学	8 章，80 条	总则；权利与义务；组织与结构；人员；经费、资产与后勤；学校与社会；学校标识与校庆日；附则
上海财经大学	10 章，95 条	总则；愿景与使命；学生；教职员工；学术组织；其他组织；管理体制；交流与合作；财政与资产管理；附则
四川大学	7 章，121 条	总则；办学功能；学校成员；学校组织；学校管理；学校发展；附则

（资料来源：由中华人民共和国教育部网站公布的各高校章程整理而来）

由表 2–2 可以看出：从篇幅上，这 10 所高校章程的篇章数目在 7 ～ 13 章，条款数目在 56 ～ 121 条。其中东南大学和西北农林科技大学都为 13 章，在所选的大学中是篇章数最高的，四川大学虽然只有 7 章，为 10 所学校中最低，但是细则条例高达 121 条。从结构上分析，10 所高校中中国人民大学、东南大学、同济大学、华中师范大学、西北农林科技大学、北京大学、中国药科大学、上海财经大学采用“章、条”的结构，而四川大学和中南民族大学则采用“章、节、条”结构。可见，每所院校的章程在篇章条例的安排结构和数量体现上都有所不同。从内容上看，10 所高校章程的内容都基本符合《高等学校章程制定暂行办法》所规定的主要内容，包括学生和教职工权利义务、内部管理体制、资产和财务管理、学校与社会、学校标识、附则等，基本构成了一个全面的高校治理结构体系。除此之外，一些大学也根据自身的办学定位和办学特色添加了内容，例如，东南大学在第八章中就将“群众组织”纳入学校的治理体系中，与教职工代表大会和学生代表大会地位一样重要。此外，上海财经大学在第二章将“愿景与使命”以章程的形式做出了规定，明确了学校在未来的一段发展时间的学校愿景、学校使命、根本任务、发展特色。通过对比分析，发现的不足是 10 所院校中关于学校经费的筹集与使用、学校财产物资的管理、财务与内部控制制度以及学校民主管理的部分都相对较为粗浅。

2. 校长和党委职责

目前，我国各高校普遍实行党委领导下的校长负责制。我国各高校在章程中明确规定校长和党委的职责，有利于内部管理体制的完善。党委保障学校各项事务的顺利进行，全面领导着学校工作；而校长作为行政管理的主要负责人，则负责学校全面的行政工作，并且对党委会决策的具体落实负责。本章所选取的10所高校的章程文本中对应的校长和党委职责的规定如下表2–3所示。

表 2–3　我国公立院校章程——校长和党委职责

学校	条文	内容简述
中国人民大学	第 27 条	党委职责：8 项，贯彻党的方针政策，领导学校工作
	第 28 条	校长职责：7 项，拟订学校总体发展规划、整体运行方案和重大改革实施方案；组织有关学校招生、教学、科研、社会服务、管理运行的各项工作，审定相关规章制度；拟订内部组织机构的设置方案，推荐副校长人选，任免内部组织机构的负责人；聘任与解聘教师以及内部其他工作人员，对学生进行学籍管理并实施奖励或者处分；拟订和执行经费预算方案，管理学校资产，积极筹措办学经费；主持校长办公会议，决策、协调、处理学校行政工作中的重要事项等

续表

学校	条文	内容简述
东南大学	第 32 条	党委职责：9 项， 统一领导学校工作，集体研究决定重大事项，支持校长依法自主负责地开展工作
	第 37 条	校长职责：6 项，拟定学校发展战略和规划，制订规章制度和年度工作计划并组织实施；组织开展人才培养、科学研究、学科建设、师资队伍建设、校园建设等活动；拟订校内组织机构的设置方案，推荐副校长人选，按干部任免权限任免内部组织机构的负责人；聘任与解聘教师及内部其他工作人员，对学生实施学籍管理，依照法律、行政法规和学校规定对教职员工和学生实施奖励或者处分；拟定和执行年度经费预算，管理和保护学校资产等
同济大学	第 37 条	党委职责：8 项 ，学校的领导核心，实行集体领导、民主决策，支持校长依法独立负责地行使职权等
	第 40 条	校长职责：6 项 ，组织拟订学校发展规划，制订具体规章制度和年度工作计划并组织实施；组织开展人才培养、科学研究、社会服务和文化传承创新活动；组织拟订学校内部组织机构设置方案，推荐副校长人选，按规定任免学校内部行政组织机构的负责人；聘任与解聘教师以及内部其他工作人员，对学生实施学籍管理，依照法律、法规和学校规定对教职员工和学生进行奖励或处分；组织拟订和执行年度经费预算方案，保护和管理学校资产，维护学校的合法权益等
华中师范大学	第 27 条	党委职责：8 项，党委统一领导学校工作，支持校长按照《中华人民共和国高等教育法》的规定积极主动、独立负责地开展工作，保证教学、科研、行政管理等各项任务的完成
	第 28 条	校长职责：7 项，拟订学校规划，制订具体规章制度和年度事业计划并组织实施；组织教学活动、科学研究和思想品德教育；拟订内部组织机构的设置方案，按有关规定和程序推荐副校长人选；聘任与解聘教师以及内部其他工作人员；对学生进行学籍管理并实施奖励或者处分；拟订和执行年度经费预算方案，保护和管理学校资产，维护学校的合法权益等
西北农林科技大学	第 14 条	党委职责：7 项，党委负责宣传和执行党的路线方针政策；领导学校思想政治和德育工作；讨论决定学校的重大事项；领导制定学校发展战略和基本管理制度；决定学校内部行政机构设置和负责人人选；领导教职工代表大会、学生代表大会及工会等会议；支持和保证校长在职责范围内独立负责地开展工作等
	第 16 条	校长职责：7 项，落实党委决策；拟订学校发展规划和年度工作计划并组织实施；组织开展教育教学、科学研究、社会服务和对外交流等活动，制定相关规章制度，管理日常行政工作；推荐副校长人选，拟订学校内部行政机构设置与调整方案，任免行政机构和学术机构负责人；聘任与解聘教师以及内部其他工作人员，对学生进行学籍管理并实施奖励或者处分；拟订和执行学校年度经费预算方案，保护和管理学校资产，维护学校合法权益等

续表

学校	条文	内容简述
北京大学	第 25 条	党委职责：8 项，领导学校工作，执行党的政策
	第 26 条	校长职责：8 项，拟订学校的发展规划，制订年度工作计划并组织实施；拟定具体学术管理制度，制定具体行政管理制度并组织实施；组织教学活动、科学研究、思想品德教育、社会服务和国际交流与合作；拟订内部组织机构的设置方案、学校教职工编制方案，推荐副校长、秘书长、教务长、总务长、总会计师人选，任免内部组织机构的负责人；聘任、解聘教师以及内部其他工作人员，对学生进行学籍管理并实施奖励或者处分；筹措资金，拟订和执行年度预算方案，保护和管理校产，维护学校的合法权益；尊重和维护学术委员会的地位，支持其履行职权，保障其决议的执行；法律、法规、规章规定的其他职权
中国药科大学	第 25 条	党委职责：10 项，贯彻执行党的方针，决定学校发展改革、科研、行政管理中重大事项
	第 30 条	校长职责：10 项，组织拟订和实施学校发展规划、年度工作计划等；组织拟订和实施学校内部组织机构的设置方案；组织拟订和实施学校人才发展规划；组织拟订和实施学校重大基本建设、年度经费预算等方案，加强财务管理和审计监督，管理和保护学校资产；组织开展教学活动和科学研究，创新人才培养机制；组织开展思想品德教育，负责学生学籍管理并实施奖励或处分，开展招生和就业工作；做好学校安全稳定和后勤保障工作；组织开展学校对外交流与合作，依法代表学校与各级政府、社会各界和境外机构等签署合作协议，接受社会捐赠；向党委报告重大决议执行情况等
中南民族大学	第 11 条	党委职责：10 项，领导学校工作，保障学校各项工作的顺利进行
	第 11 条	校长职责：9 项，组织拟订和实施学校发展规划、基本管理制度、重要行政规章制度；组织制订和实施具体规章制度、年度工作计划；组织拟订和实施学校人才发展规划及相关政策；组织拟订和实施学校重大基本建设、年度经费预算等方案，加强财务管理和审计监督，管理和保护学校资产，依法多渠道筹措办学经费；组织拟订学科专业建设方案；组织开展思想品德教育；做好学校安全稳定和后勤保障工作；组织开展学校对外交流与合作；组织处理教代会等大会有关行政工作的提案；支持学校各级党组织、民主党派基层组织、群众组织和学术组织开展工作等
上海财经大学	第 72 条	党委职责：6 项 ，领导学校工作，发挥统揽全局、协调各方的领导核心作用，贯彻执行党的路线方针政策，集体讨论决定学校重大决策、重要干部任免、重大项目安排和大额资金使用等重大问题，支持校长依法自主负责地开展工作
	第 74 条	校长职责：6 项，拟订发展规划，制订具体规章制度和年度工作计划并组织实施；组织人才培养、科学研究、学科发展、社会服务、对外合作等活动；拟订内部组织机构的设置方案，推荐副校长人选，任免内部组织机构的行政负责人；聘任与解聘教师以及内部其他工作人员，对学生进行学籍管理并实施奖励或者处分；拟订和执行年度经费预算方案，保护和管理学校资产，组织资源配置，维护学校的合法权益

续表

学校	条文	内容简述
四川大学	第 39 条	党委职责：9 项　宣传和执行党的路线方针政策；审议确定学校基本管理制度；讨论决定学校内部组织机构的设置及其负责人的人选；领导学校的思想政治工作和德育工作；领导学校的工会、共青团、学生会等群众组织和教职工代表大会等
	第 43 条	校长职责 ：8 项　拟订发展规划，制订具体规章制度和年度工作计划并组织实施；组织开展教学活动、思想品德教育、科学研究、学科建设、师资队伍建设和国际合作与交流；拟订内部组织机构的设置方案；聘任与解聘教职员工，对学生进行学籍管理，对教职员工和学生实施奖励或者处分；拟订和执行年度经费预算方案，保护和管理校产，维护学校的合法权益等

（资料来源：由中华人民共和国教育部网站公布的各高校章程整理而来）

由表 2–3 可知，本章所选取的 10 所高校章程文本中都表明：我国各高校实行党委领导下的校长负责制。党委依照相关规定，统一领导学校工作，是学校的最高决策机制。它的主要职责包括：保障学校的办学方向，执行党的方针政策，负责党组织的思想建设工作，保障学校的正常运行和各项工作的顺利进行等其他法律法规规定的工作。我国大学校长是学校的法定代表人，在党委领导下全面负责学校的行政管理工作。他的主要职责包括：拟订发展规划，组织开展教师队伍建设、教学活动和科学研究，聘任和解聘教师等工作人员，筹措办学经费，维护学校的合法权益等。校长行使行政权，党委行使领导权，两者共同促进高校各项事业的发展，是一个不可分割的有机整体。然而，不禁还是会有许多疑问，例如“学校内部的各项事务到底是书记说了算还是校长说了算？”“学校以及学院的党委和职能部门之间的关系如何协调？”等，这些党委和校长的职责多有交叉，所以涉及“党委领导下的校长负责制”的健全与发展问题在以上 10 所高校的章程中也并未深入涉及。

3. 学术权力机构

学术权力机构是高校中最重要的学术机构，对学校的一切学术事务具有管理、决策、咨询等权利。本章所选取的 10 所高校章程文本中对学术权力机构的人员构成和职权如表 2–4 所示。

表 2-4　我国公立院校章程——学术权力机构

学校	人员构成	职权简述
中国人民大学	一般由不担任行政职务的资深教授担任	对学校学术发展规划提出建议；审议科研计划；制定学术规范；完成校长委托的学术事项
东南大学	由为人师表、爱岗敬业、具有良好职业道德修养、为人公道正派、学术水平高的教授和教师组成	依法设立学术委员会、学位评定委员会，自主设立教学委员会、职称评审委员会、学部等学术组织
同济大学	成员由学校内各学科领域在国内外学术界有较高声望的专家学者组成	审议学校发展规划；审议学校学科、专业；审议学校教务委员会；审定学校学术道德规范；组织开展学校发展战略和政策研究；促进学科交叉和学术交流
华中师范大学	学校有影响的现职和离退休教职员工代表组成	学术委员会可以就学位评定、教师聘任、教学指导、科学研究、学科建设、学术道德等事项，设立若干专门委员会；可以根据需要，在教学科研机构设置分学术委员会或者委托教学科研机构设立的教授委员会等基层学术组织承担相应职责
西北农林科技大学	由不同学科、专业的教授及具有正高级以上专业技术职务的人员组成。委员由学院和职能部门推荐，校长办公会审定，校长聘任。主任、副主任由校长提名，全体委员选举产生	审议学科建设、专业建设、师资队伍建设、科技发展、对外学术交流与合作等重要学术规划等；审定教学科研成果评价标准、人才培养质量评价标准、学位授予标准及细则、学历教育培养标准、学术评价与争议处理规则以及学术道德规范等；评价教学科研项目及成果、高层次人才引进计划与人才选拔培养计划人选等；对与学术事务相关的重大规划与发展战略提出咨询意见等；按照有关规定及学校委托，受理学术不端行为的举报并进行调查，裁决学术纠纷或提出处理意见
北京大学	教授、学生委员、校长及校长委派的委员	决定学位授予标准；规范学术道德；审查评定教师职务的拟聘人选、学科专业设置
中国药科大学	学校教学和科研岗位上的在编教师、校外专家	审查通过学位获得名单、审议设立校学位评定分委员会相关事宜、研究和处理授予学位的争议
中南民族大学	由若干在学术界有较高声望的校内在岗专家学者组成	负责学校学术事务的决策、审议、评定和咨询等工作，包括：学位评定、职称评审、学术道德规范
上海财经大学	由学校不同学科、专业的教授和具有正高级以上专业技术职务的人员组成，并有一定比例的青年教师。与学校学科、专业设置相匹配，学术委员会人数为不低于 25 人的单数	对学科专业、教师队伍、科学研究和对外学术交流合作等重大学术规划等进行审议或决定：对教学、科学研究成果和奖励及对外推荐、人才选定进行评定；与学术事务相关的重大发展规划和战略的制订等提出咨询意见

续表

学校	人员构成	职权简述
四川大学	由校内各大学科领域在国内外学术界有较高声望的专家学者组成	审议学科专业的设置及教学、科研工作规划，评议学校在教学、科研工作中拟做出的重要决策，受校长委托对涉及重要学术问题的其他事项进行论证、咨询或决策；审议学校师资队伍建设规划，评议拟引进的重要拔尖人才，推荐国内外重要学术组织的任职人选，审定各级各类人才工程候选人资格；指导学校研究基金工作，制定学校研究基金的政策性文件，决定资助的领域、方向及重点项目的设置，组织项目评审，监督项目实施；评审拟申报的重大教学、科研成果；组织和联络国内外重大学术交流活动，指导、组织全校性学术交流活动等

（资料来源：由中华人民共和国教育部网站公布的各高校章程整理而来）

现代大学制度是学术自由，学术精神最佳的制度体现，其中教授治学，学术权力机构都在现代大学中占有重要的地位。学术委员会作为我国公立院校最高的学术机构，履行着高校所赋予的法律规定，如审议教学科研、学术交流合作、学科建设、学位授予和教师评聘与晋升等。从文本分析得知，这 10 所大学对学术委员会的人员构成都进行了规定，主要都是由教授、专家、专任教师组成，北京大学有所不同，其学术委员会加入了学生委员这一角色代表；此外，四川大学、中南民族大学、中国药科大学、同济大学都强调学术委员会的成员还应该有校外学者的参与。同样，从上面的表格也可以看出，为了保障“学术自由”，避免行政权力对学术权力的越界，这 10 所高校都对学术机构的成员来源、职能进行了定位。当然，也不难看出我国各所公立院校所设置的学术委员会的职权也大体相同，校际之间具有雷同性，但是每个学校由于创建背景不同、学术背景不同，在委员会的成员构成上也存在着差异。还有一点就是，在现实的高校工作中，身处行政职能部门担任工作的学术人员也并不在少数，学术机构中也有极小部分的行政人员身居要职，这些都对学术机构的职能发挥产生一定的影响。当然，也有一些学术机构仅剩“躯壳”，由行政机构代为处理学术事务。所以都存在着各高校对于学校内部行政权力与学术权力关系的理解不足，关系处理不妥当的现象。

4. **教师与学生的管理**

教师和学生是一所高校生机和活力的重要组成部分，那么教师与学生的管理必然是大学章程里重要的一个环节。本章所选取的 10 所高校章程文本中对学生和教师的权利、义务规定如表 2–5 所示。

表 2–5　我国公立院校章程——教师与学生的管理

学校	条文	内容项数
中国人民大学	第 19、20 条	教师权利：8 项；教师义务：7 项
	第 9、10 条	学生权利：9 项；学生义务：6 项
东南大学	第 21、22 条	教师权利：7 项；教师义务：6 项
	第 25、26 条	学生权利：8 项；学生义务：6 项
同济大学	第 17、18 条	教师权利：9 项；教师义务：8 项
	第 27、28 条	学生权利：9 项；学生义务：8 项
华中师范大学	第 59、60 条	教师权利：9 项；教师义务：6 项
	第 49、50 条	学生权利：9 项；学生义务：6 项
西北农林科技大学	第 55、56 条	教师权利：5 项；教师义务：5 项
	第 62、63 条	学生权利：7 项；学生义务：5 项
北京大学	第 17、18 条	教师权利：8 项；教师义务：8 项
	第 21、22 条	学生权利：8 项；学生义务：6 项
中国药科大学	第 14、15 条	教师权利：9 项；教师义务：5 项
	第 19、20 条	学生权利：10 项；学生义务：6 项
中南民族大学	第 37、38 条	教师权利：5 项；教师义务：5 项
	第 45、46 条	学生权利：8 项；学生义务：7 项
上海财经大学	第 33、34 条	教师权利：9 项；教师义务：6 项
	第 25、26 条	学生权利：9 项；学生义务：7 项
四川大学	第 34、35 条	教师权利：7 项；教师义务：5 项
	第 29、30 条	学生权利：12 项；学生义务：7 项

（资料来源：由中华人民共和国教育部网站公布的各高校章程整理而来）

根据这 10 所高校章程中关于师生权利和义务的情况可统计出：学生的权利在 9 项左右，其中四川大学的学生权利条款最多，达 12 项；教师的权利一般为 8 ～ 9 项，中南民族大学的教师权利在章程中体现最少，仅仅为 5 项。关于学生和教师的义务在章程中的体现，各大学的制定条款数量和内容都出入不大。我国《教师法》中，对于教师权利的规定有 7 项，义务有 6 项；在《教育法》中，对于学生权利的规定有 5 项，义务的规定有 4 项。由此可知，我国大学章程对学生和教师权利与义务的规定条数均高于《教师法》和《教育法》的规定。除了本章所选取的10所高校章程外，纵览我国已核准的大学章程，基本都对教师和学生的权利与义务进行了规定。

通过所选取的10所高校章程中学生权利的规定可知，高校对学生享有的权利的描述主要包括：享有学校公共教育资源、依法获得相应的学历证书、按规定申请获取助学金及助学贷款、依法对存有异议的学校处分提出申诉等。但关于学生作为高校的相关利益主体参与学校工作的相关权利的表达就寥寥无几，如北京大学的章程中仅仅用“对学校工作的知情权、参与权、监督权”几字概括而过，中国药科大学关于这部分也仅一条——“参与民主管理，对学校工作提出意见和建议”，中南民族大学的相关条例是“了解学校改革建设发展及其他涉及其切身利益的事项，参与学校的民主管理、监督和评议”。这些条款的制定是否具有可操作性、是否具有可行性都是存在疑问的，学生参与治理是否为“空口号”还得了解规定是否真的落地。总的来说，这些学校章程都将学生的民主参与教学事务纳入章程中，但是并未做到详尽细致表述，显得不仅无从实施也难免存在“套用模板公式”之嫌。

同时，我们通过这10所高校章程中教师权利的规定可知，高校章程中对教师享有的权利方面总的来说主要包括：公共资源的使用；获得自身发展的机会和条件；公平获得奖励及荣誉；参与学校民主管理；对与自身相关事宜的异议提出申诉；法律法规和聘约规定的其他权利等。其中关于教师参与民主管理的部分，北京大学的章程里对教职工代表大会依法参与学校民主管理和监督的基本形式做了具体描述：主要有八个部分，涉及学校章程草案的制定与修订、学校发展规划、教学改革、教职工队伍建设、评议学校领导干部及讨论法律、法规、规章规定的以及学校与学校工会商定的其他相关事项等，同时还在章程中对教代会的成员组成、选举等做了细致要求。中南民族大学的章程也对校代会的民主管理和监督的职权做了细致的描述，包括：听取和审议学校章程、发展规划、教育教学改革、年度工作、财务工作、工会工作及其他重大事项的方案制订情况和报告；按照有关工作规定和安排评议学校领导干部；讨论通过涉及教职工切身利益的制度和办法，通过多种方式对学校工作提出意见和建议，维护教职工合法权益。教代会闭会期间，由教代会执行委员会履行其职能。学校工会为教代会的工作机构。学校建立校、院两级教代会制度。

总的来说，学生享有公平接受学校教育，参加学校民主管理，公平获得参加学术文化交流活动的机会，平等地利用学校公共教育资源等权利；在义务方面，学生要努力学习，完成规定学业，遵守学校的规章制度，维护学校利益等。学校的教师享有教学、研究和从事其他活动的自由，公正获得评价，并具有对学校工作的知情权、参与权、监督权；在义务方面，教师应为人师表、恪守师德，尊重和爱护学生，执行教学计划，完成教育教学工作，促进学生全面发展。在大学章程中，除了规定教师和学生的权利与义务，还规定学校要依法建立权利保护和救济机制，保障教师和学生的合法权益。但是，有关学生和教师的权利保护和救济机制的内容简短，没有具体说明，可操作性不强。

5. 学校与社会

表 2–6 我国公立院校章程——教师与学生的管理

学校	条文	内容
中国人民大学	第七章 共 8 条	包括社会监督、服务社会、为社会提供教育服务、促进社区沟通合作、支援老少边穷地区、吸引社会捐赠、成立校友会
东南大学	第九章，第 62、63、67 条	包括设立校友总会、东南大学教育基金会、与其他主体一起设立联合研究中心
同济大学	第五章 共 10 条	承担社会责任，接受社会监督与评估；争取社会支持；加强所在地方、社区的沟通与合作；发展社会各界人士组成的咨询机构；成立校友会；成立教育发展基金会
华中师范大学	第八章 共 5 条	为构建终身教育体系和学习型社会服务；为国家以及地方和区域发展提供服务；重视、支持校办产业的发展
西北农林科技大学	第十一章 共 5 条	建立由国家有关部委和地方政府领导、著名学者和社会知名人士、学校管理者和师生代表组成的理事会；设立教育发展基金会；与地方或社会组织开展合作办学与社会服务；开展国际交流与合作；接受社会机构与共建单位的监督与评估
北京大学	第七章 共 5 条	设立负责校友工作的专门机构；学校实行社会参与制度；成立北京大学教育基金会，接受社会捐赠、管理捐赠项目和基金，支持学校事业发展；创建和参与海内外政府、企业、大学、研究院所、社会组织交流与合作的网络等

续表

学校	条文	内容
中国药科大学	第八章 共 5 条	积极开展社会服务和公益活动；加强与行业组织、企事业单位、科研院所、社会团体的交流和合作；设立理事会，面向社会、开放办学的咨询议事；依法设立教育发展基金会；设立中国药科大学校友会等
中南民族大学	第六章 共 8 条	担当社会责任，开展社会服务；加强与中央政府部门、地方政府、社会团体、行业组织、科研院所以及企事业单位等的沟通与合作，实现学校与社会的协同进步；推动有民族特色的文化产业的发展；重视、支持校办产业的发展和建设；成立中南民族大学教育发展基金会，接受社会捐赠；接受社会监督和评价，及时向社会发布办学信息；积极开展国际国内学术和教育合作
上海财经大学	第八章 共 5 条	开展与政府部门、科研院所、企事业单位、社会团体等组织机构的合作；设立学校董事会；设立校友会，凝聚校友力量，拓展社会资源；设立教育发展基金会，加强与国内外各界的联系和合作，筹措资金，推动学校教育事业的发展
四川大学	第二章 第三节 共 3 条	充分发挥学科、人才、科技、信息、医疗卫生等优势，为国家、地区经济社会发展和人民健康提供高水平服务；推进协同创新和科技成果转化，鼓励各单位和师生与政府、校外科研机构、企业事业组织、社会团体及其他社会组织开展多种形式的产学研合作；针对经济社会发展重大理论和现实问题及国际和区域问题，开展宏观政策和战略研究，充分发挥思想库、智囊团、人才库的作用

（资料来源：由中华人民共和国教育部网站公布的各高校章程整理而来）

根据系统论的观点，公立高校在社会大系统中是一个重要的组成要素，与社会系统中的其他要素相互关联相互影响。立足在这个大系统中，高校担负了社会服务这一职能。通过表 2-6 我们不难发现，这 10 所高校的章程中都在学校与社会的关系上做了文章。核心的内容主要都包括发挥学校自身的优势，结合社会和区域的条件开展有益的社会服务和公益活动。其中，许多研究型大学都与社区中的企业联合产学研的模式，通过建立实验室、办企业等推动区域的社会科技经济发展。当然，也有不少学校与社区通过共建“学习型社会”将高校的优质资源分享给社会公众。同时，校友会是每个学校与毕业后的学子联系最密切的机构，高校通过优秀校友的合作达到学校教学科研知名度的广而告之，也获得许多优秀校友捐赠的物资进行办学或是创办基金会。以上的 10 所高校章程都从不同角度和层次，结合自身的发展优势制定了与社会、社区发展相关的条文。

（二）我国公立院校章程的制定现状

1. 我国公立院校章程的制定依据

本章所选取的10所高校章程的制定依据均在总则部分明确说明，其中，中国人民大学的章程依据《中华人民共和国教育法》《中华人民共和国高等教育法》《高等教育章程制定暂行办法》制定；北京大学的章程是根据宪法、教育法和高等教育法所制定的；中国药科大学的章程第一章中第一条指出“为保障学校依法办学和自主管理，建立现代大学制度，依据《中华人民共和国教育法》《中华人民共和国高等教育法》《中华人民共和国教师法》等法律法规，以及《高等学校章程制定暂行办法》等规章的规定，结合学校实际，制定本章程”；中南民族大学则依据《中华人民共和国教育法》《中华人民共和国高等教育法》等规定制定学校的章程。除了列举的这四所高校，通过其他几所学校章程的梳理我们不难发现，我国大学章程制定的依据主要包括《中华人民共和国宪法》（以下简称《宪法》）《高等教育法》《高等学校章程制定暂行办法》《教育法》和《教师法》。

《宪法》可谓是为我国公立院校章程的制定提供了根基性的支撑和约束，作为我国的最高法律，其他任何法规、制度、条文的制定都要符合其要求，公立院校章程的实施也有《宪法》作为保障。《高等教育法》是国家对高等教育发展事业专门制定的法律，它规定了章程中应该包括的事项，为公立院校章程的制定、内容提供了参考。《教师法》为高校教师的权利与义务内容提供了参考。《高等教育章程制定暂行办法》中基本涵盖了章程制定的主要问题，如大学章程制定的内容、程序、修订及核准，它是制定大学章程的具体依据。制定依据在大学章程的制定中占统领地位，它保障了大学章程制定的合理性与实施的有效性。

2. 我国公立院校章程的制定主体

一项规章制度的制定活动的主要参与者，我们称之为制定主体。关于我国公立院校的章程制定主体的说法目前主要包括三类：第一类，以举办者为制定主体，学校章程体现了办学者的意志，政府的意愿则是公立高校章程制定的主要依据。第二类，认为制定主体是高校的办学者，这是在我国历史以及现实环境下形成的。第三类，制定主体为办学者与举办者相结合，这一提法则是将章程划分为决策和起草两个主体。根据《高等学校章程制定暂行办法》（以下简称《办法》）的规定，明确说到章程的制定主体是校内相关利益主体，这些主体应当积极参与章程的制定工作。《办法》里提到如学校领导、教师和学生代表、部门负责人、相关专家等，还鼓励校友、退休教职工等社会相关代表等积极参与大学章程的制定工作，多元主体的参与彰显出我国大学章程制定更具广泛性和多元性。公立院校章程制定主体的确定，不仅为院校自治奠定了基础，同时也为维护相关主体的利益提供了保障。

从所选的10所高校的章程梳理中可知：中国人民大学的章程的制定和修改提交教职员工代表大会讨论并征求意见，由校长办公会研究审议，最终由学校党委会讨论审定后，报教育部核准；北京大学的章程由学校教代会讨论、校务委员会审议、校长办公会议审议、校党委审定后，由校长签发，报上级核准；同济大学的章程由校长办公会议提议修订，校长办公会议审议的章程修订案经学校教职工代表大会讨论并征求意见后，提交学校党委会审定，报教育部核准；中国药科大学章程的制定经学校教职工代表大会讨论、校务会议审议通过、学校党委常委会审定后，报国务院教育行政部门核准；中南民族大学章程的制定经教代会讨论通过，由校长办公会审议，校党委全委会审定，经主管部门同意，报国务院教育行政部门核准。总体不难看出，这些高校的章程制定都存在制定主体单一的缺点，并没有严格地按照相关的规定进行制定，也没有体现更多的高校利益相关主体参与的广泛性和多元性。

3. 制定与修改程序

从所选取的10所高校章程分析发现，北京大学和中国药科大学在章程的附则中基本都对本校章程的制定与修改程序进行了简短的描述，没有详细的规定，也没有将两者分开规定，制定和修改程序大同小异。如东南大学在第八十五条规定章程的制定的具体实施细则或修改由校党委审议核准，其中未规定修改的具体流程，也没有会议商议的要求说明。北京大学的章程中附则第五十四条写道："本章程经学校教代会讨论、校务委员会审议、校长办公会议审议、校党委审定后，由校长签发，报上级核准。本章程修订按前款程序办理"，比起东南大学的规定突出了具体的办理程序。其中，对制定和修改程序补充较为完善的是中南民族大学，该校在章程的修订程序多加了一条补充条件——"章程修订的提案须经教代会代表 20 人以上附议，校长办公会同意立案，交由教代会讨论，经全体代表的 2/3 以上投票通过后进入修订程序"，除此之外，中南民族大学还成立了章程监督委员会，章程监督委员会主要负责：监督章程的落实；依据章程审查校内规章制度、规范性文件；制止违法章程的各种行为；受理对涉嫌违反章程行为的举报和投诉；以及其他与章程实施和监督相关的事项。

一所高校的章程体现其稳定性，也具有适时性。要想应对日新月异的时代和高等教育发展的形势，只有不断调整发展的重点和脚步才能适应社会的需求，因此高校的章程必然会面临适时调整和修改的问题。通过对以上 10 所高校章程的梳理，不难发现各所学校虽然都对制定和修改的方面做了内容规定，但都不过是将施行程序简单地用一句话概括，没有体现具体的修订主体和操作性的流程，更没有对章程的修改标准和修改情形（如章程的法律依据发生变化，学校发生合并、更名等变化及本章程执行的环境发生变化等）做出明确规定。不过可喜的是，也有一些高校重视制定和修改的程序，还规定了相关的监督委员会。因时而变，适时而变是每所现代大学都应该掌握的生存法则，在大学章程文本中明确规定章程的修改标准和修改情形，有利于为大学章程的修改提供依据，有利于大学章程与时俱进，不断更新。

（三）我国公立院校章程实施的现状

我国公立院校章程一旦经教育部核准，自发行之日起实施就具有法律效力，学校相关主体必须严格遵守，并按照章程规定管理学校。大学的章程是法律文件，公开性是其基本原则，各校将经教育部核准后的章程发布到其官方网站上，尽一切可能让相关利益者了解章程的内容。我国经教育部核准的大学章程文本均可在教育部门户网站和学校官方网站上查询。大学各利益相关主体通过网络和媒体对大学章程进行监督，有利于大学章程公平、公正地实施。

但是，目前我国大学章程执行力与实施效果并不是很理想。一些利益相关主体对大学章程并不了解，缺乏对大学章程的重视，对章程的认同度不高，并且章程的文本内容可操作性不强，章程的法律地位不明确，无权威性。部分高校对大学章程缺乏反馈制度和监督机制，导致大学无法有效地实施章程。我国大学的章程并不是随着大学的发展而自发产生的，而是在国家政策的统一领导下开始制定的产物。所以，我国各大学章程在实施中面临困境。在大学章程无法有效实施的情况下，找出合理的解决方法是当务之急。

三、大学章程与院校治理现代化

长期以来，在高等教育的治理领域，政府既是大学的管理者和开办者，又是大学教育的评估者，社会和市场没有参与治理的权力。由于我国传统的教育管理观念的束缚使得我国高校的外部环境比较封闭，这也一定程度上限制了高校外部利益相关者参与到高校治理之中。然而，随着国家投入为主，多元主体投入的教育投资体制的确立，公众成为教育产品及服务的购买者，高等教育也顾及公众的需求和大众的价值取向，通过相应的制度设计使公众参与高校治理。大学是利益相关者组织，“任何对高校有投入的主体都应同等享有相应的资源管理及资源使用权力，不同利益主体在管理中承担不同角色，发挥不同作用”。现行的高等教育管理理论是指导高校教育体制与组织管理的基本理论和方针。该理论以学生和教师为中心，围绕教学和科研，涉及高等院校教育制度、管理体制和运行机制、专业设置与人才培养、教学过程与教学原则、课程体系与教学内容、教学组织与教学方法、科学研究与技术开发、大学生社会实践活动及指导、思想政治教育等内容。基于此，理论指导下的高校普遍把自己作为“独立、自治实体”，就只是考虑院校主体内部教育价值的形成过程，并以此为基础进行大学组织管理体制的设计，缺乏对高等教育产业“价值链”的整体考虑，也就是没有从所有的利益相关者的要求出发来创新和改革大学的组织与管理体制。对此，部分学者纷纷指出“大学是一种典型的利益相关者组织”，并且认为利益相关者的利益要求规定了大学的责任。国外学者认为，从组织成长的角度看，院校内外部合作是院校成功的必要条件，因此，高等院校应改变这种“以自我为中心”的态度，建立“以他方为中心”的参与模式。在国内，学者王建华认为，高等教育应向其他社会部门（包括政府、非政府、企业界等）、教育内部其他系统（包括中小学、职业技术学院等）、有关人士（包括学生、家长、企业家、专家等）开放，并在开放的基础上与之建立合作伙伴关系。学者王连森认为，利益相关者的期望和要求规定了大学责任，为大学指明了发展目标；利益相关者的物质和精神付出充实和丰富着大学资源，为大学提供了发展的能量和动力；利益相关者的作用、地位、权利制约和规范着大学制度，为大学创设了发展的机制平台。综上所述，国内外学者都表达了相似的观点，即把利益相关者纳入高校组织管理范畴，将是高校组织创新与发展的必然趋势。在这个利益相关者时代，中国高等院校治理将从中央集权管理范式最终走向“利益相关者管理”范式，其核心就是建立各种利益群体之间的伙伴关系。

（一）治理

1. 治理概念界定

“治理”一词起源于拉丁语“gubemare”，意指“统治”“掌舵”。在使用中，人们对“治理”的解读含混不清，甚至把“治理”通俗地等同于“统治”，即属于国家行政管理体系的一般属性。随后，戈兰·海登（Goran Hyden）指出，“治理”应当是指掌管政府等公共机构或运营带有社会性质的私人机构的行为。这一含义依旧局限，带有“控制的色彩”。治理理论的代表人物罗茨（R. Rhodes）认为：治理意味着“统治的含义有了变化，意味着一种新的统治过程，意味着有序统治的条件已经不同以前，或是以新的方法来统治社会”。站在更广的视角，美国学者詹姆斯·罗西瑙（James Rosenau）表示，治理“涵盖了政府的行为，但也包括许多其他的渠道，通过这些渠道，‘命令’可以以确定目标、发出指示和制定政策等形式传导下去”，在《没有政府的治理》一书中他再次解释道，治理不外乎就是一套规则体系，它对主体间的依赖性的程度十分之高，并且不亚于对那些国家正式颁布的宪法和宪章的依赖。简单来说，治理应当是大多数人都接受才会生效的规则体系。通过梳理可知，将“治理”片面地等同于“统治”有失偏颇，比较来说“统治”是政府机制，“治理”既包括政府机制，同时也包括非正式的 、非政府的机制；“统治”的主体呈现单中心的特点，而“治理”的主体是多中心的、灵活的；“统治”的逻辑是从上至下的，而“治理”多为上下互动的。关于“治理”最权威的解释来自全球治理委员会，该组织将“治理”定义为：各种公共的或私人的个人和机构管理其公共事务的诸多方式的总和，它使冲突或不同的利益得以调和并且采取联合行动的持续的过程。它包括两方面的制度和规则：一方面是迫使人们服从的正式制度和规则，另一方面是各种人们同意或以为符合其利益的非正式的制度安排。基于以上内容，本书对“治理”下的定义是：为满足多方面的利益主体诉求而进行的冲突和矛盾的化解，在这样一个持续性的过程中以各种制度为保障，并且在权力的相互制衡中通过合作、协商、伙伴关系来规范和疏导各利益主体的行为。

2. 我国公立院校治理

大学治理借鉴于企业和公司治理。公司治理理论最初产生于制度经济学家和信息经济学家关于企业内部产权与决策权之间复杂关系的思考。他们认为这种古典企业制度存在缺陷，因为企业所有者与经营者不做分离，因此所有权与经营权的信息是对称的，决策结构过于简明，无法有效地激励企业的发展。而现代企业制度则不同，它在古典企业制度的基础上进行了重大突破，迈向了法人公司制模式。这种企业模式建立在所有者与经营者分离的委托代理关系基础上，所有权与经营权的信息是不对称的，组织剩余要由经营者与所有者分享，决策结构变得更为复杂，在有效激励代理人的同时也防止其损害委托人利益。这种复杂的企业治理结构既能满足委托人对利益的诉求又能激发代理人的工作热情。随着对公司治理认识的不断深化，人们意识到企业活动不全然是为股东利益而服务的，而应该致力于更多人员的不同要求。

公立院校是相对于私立院校而言的概念，两者在投资主体和隶属关系上存在区别。本书中的公立院校主要是指由各级政府及公共组织如国营企事业单位开办、管辖和提供经费，综合性的、多学科的、正规的高等院校。这些高等院校是我国高等教育系统的主体，主要实施本科及本科以上层次的全日制高等教育。我国公立院校引入治理理论是在 20 世纪 80 年代。1998 年国家教育部颁布的《高等教育法》为我国高等院校办学提供了最为权威的依据和方向。同年 5 月正值北京大学百年校庆，江泽民同志在大会上提出中国要建设世界一流大学，也即众所周知的“985 工程”。这一高等教育的工程启动推动了更多的公立高校在积极建设世界一流大学的过程中更加注重高校制度层面的问题。21 世纪初中国入世，高等教育的国际竞争问题备受关注，总的来说，在企业治理的借鉴之下，大学治理可以理解为高校内外利益相关者参与大学重大事务决策的过程，不仅仅只是局限于以高校内部主体为主宰的行政和管理。恰如伯顿·克拉克在《高等教育系统》中所阐述的大学治理结构是“‘社会选择’的多元结构”。

正由于大学治理提倡的是联系大学内外部各利益主体的制度安排（正式的或非正式的），从而使各利益主体在权利、责任和利益上相互制衡，实现大学内外部效率和公平的合理统一，因此在此过程中权力配置模式就形成了大学治理结构，即现代大学制度的本质与核心。正是这样一些理论、方法、视角引入了现代大学制度的实践领域，在谈论现代大学治理结构时，一般都涉及探讨需要建立怎样一种组织性框架及机制，才能够在“冲突和多元利益”状况下管理其一般事务。可见，提出大学治理结构命题的关键性前提，是必须确认出现了“冲突和多元利益”现象。“冲突和多元利益”

现象在我国主要是经济体制发生变革后社会利益主体不断分化的产物。经济体制变革之下大学的社会服务职能更加凸显，为了更好地满足社会对高等教育的需求，大学职能也在不断地转变以及丰富，因而亟须要求其利益相关者共同参与大学的治理过程。政府、学生和家长、教师和企业事业用人单位等与大学关系紧密，同时也是治理意愿和能力相对强烈的利益相关者，是提升大学治理能力和有效性的关键。因此本书认为院校治理结构就是为了最大限度地满足院校内外部各利益相关者的多元化需求，合理分配各利益相关主体之间的各种权力，通过明确规定各相关主体的权、责、利范围，以及参与治理的机制与方式，构建由权力（决策）机构、执行机构、监督机构构成的组织架构以及由激励和信息公开机制所组成的保障机制，从而使各利益主体参与院校管理的权利独立平等、参与方式权责明晰、各机构协调运转、各主体相互监督制衡,进而达到各利益主体共同促进院校办学目的的有效实现。

（二）基于治理，我国公立院校章程的应有之义

从大学章程的视角来谈我国公立院校治理，必须得理清两者的关系。从现实角度出发，在改革开放以来我国公立大学取得了举世瞩目的成就，不论是在教育的规模和培养的人才质量方面，还是公立大学致力于服务社会和科学研究的水平都得到了极大的提升。随着社会各方对公立院校教育的期望越来越高，处于高等教育体制转型关键时期的公立大学也与政府、社会及其他各利益相关者之间的关系发生着微妙的变化，因此对公立大学的治理也提出了许多新的要求。

他山之石，可以攻玉。放眼国际，世界上许多一流大学都具有威信度极高的章程，这不仅为这些名校办学带来规范的治理，也培养了院校优良的校风，使这些大学成为高等教育史册上的常青树。从英国大学的治理中可以发现，大学章程居于院校办学的领导地位。大学章程囊括了社会参与的决策机制、校长负责的行政执行机制、教授治学的学术自由机制、监督分离的财务安全机制、程序公平的人事管理机制等等，通过以上的机制来规定大学的治理方针。在美国，公立院校和私立院校都设有董事会作为院

校的权力机构，并由这一机构根据政府的教育法律法规或大学设立的特许状来制定大学章程。美国的大学章程一般包括大学的理念、办学宗旨、教学事务及教师的学术权利、学位授予、学生事务、经费来源、财产与财务制度、章程修改程序等重大事项，同时也规定了董事会及其下属委员会的组织构成，因而成为规范大学运作的纲领和法则。其中我们不难发现，英美大学治理结构的核心部分是由决策机构、执行机构和学术机构构成的，这些大学一般在其章程中对此做了明确规定。国外大学章程为大学依法自主办学提供可行的自治规范，实际上是法的治理模式、法的精神和法律条款在一所大学的进一步延伸和具体化、个性化。

自 20 世纪 80 年代以来，我国公立院校进行了许多的管理体制改革，这些改革逐步确立了公立院校的法人地位，激发了学校的办学活力，因此为了进一步完善我国公立院校治理结构，其关键点必然是通过大学章程的建立得以实现。

计划经济时期，我国的公立院校尚未具备法人地位，是作为政府的附属机构而存在的。公立高等院校作为事业单位，完全是作为国家计划的执行机构而设立的。我国高等教育领域形成了政府一元办学模式，表现为四个突出特征：一是国家所有，即高等教育由中央政府实行统一与集中的管理，教育政策由国家统一制定，教育经费由政府全部负担，高校全部为国家所有，全部为公立高校，基本上不存在私立高校；二是高度集中，即高等教育活动中一些重要的决策和规定，均由中央政府统一做出，集中管理；三是计划控制，即根据社会发展需求计划管理高等教育的发展规模和毕业生的分配使用；四是行政干预，即高等教育活动的所有方面，都由政府通过颁布具体的行政命令加以管理。这样的管理模式最终暴露出了弊端，即公办高校缺乏积极性和主动性，责任机制缺失。为此，中国进行了一系列的体制改革。《中共中央关于教育体制改革的决定》（1985）明确提出："增强学校的办学活力，扩大学校办学自主权。"《民法通则》（1986）确认了事业单位的法人属性，《教育法》（1995）、《高教法》（1998）明确了公办高校的法人地位。在市场经济和事业单位改制的大背景下，政府再次重视公办高校法律地位，开始将政府作为管理者、举办者，与公办高校作为独立法人的行为进行区分，朝着“政校分开、官办分离”的方向迈进。十八届三中全会提出了由“管理”走向“治理”的新思路，治理逻辑则强调多元参与。根据世界通例，公办高校办学自主权属于治理委员会，治理委员会应该由各利益相关者组成，包括政府、教师、学生和其他社会成员。政府通过与治理委员会签署公法契约（大学章程）明确各自的职责权利，这是大学章程的主要功用。规制大学权力运行是大学章程的功能定位。大学章程是连通国家法律和学校内部规则的中介，是大学法人治理的“宪章”。政府作为教育事业的主要举办者、公共产品的主要提供者的角色并没有发生改变。教育行政的治理逻辑有利于引进竞争机制，提高学校的生机与活力，通过利益相关者的参与确保公办高校的公益性。

我国公立院校章程应具有如下几个特点：第一，从形式上看，公立院校章程是政府与公立高校签署的一份行政契约，通过契约明确政府与公办高校的权力和职责。大学章程会同有关法律，厘清了公办高校和政府及其他社会组织的界限，明确了公办高校自治空间和自主权的范围。第二，从内容上看，公立院校章程既是办学许可证，也是治理委员会和管理层的运行规则。作为办学许可证，章程是法人存在的依据和标志，包含着公办高校从设立、运行直到终止的全过程。作为治理规则，大学章程是治校总纲。治理规则包括董事会会议规则、监事会工作程序、行政负责人管理制度、治理信息披露制度等。第三，从效力上看，公立院校章程是法律的延续，对政府、公办高校、理事、管理人员等均具有约束力，既具有内部效力，对学校成员有约束作用；又具有一定的外部效力，对政府行为具有约束作用。

（三）利益相关者参与院校治理的必然性

在《教育法》《高等教育法》以及相关的法律法规政策性文件的护航之下，我国确立了以大学章程为法律依据对于现代大学治理的意义，按规定大学章程应该通过规定院校的办学理念和特色、院校发展目标和战略校内各种关系、院校的领导体制、治埋结构、管理模式，教职员工的权利和义务，学生的权利和义务等重要内容，回答包括现代大学治理等在内的现代大学制度的核心问题，为院校依法自主办学提供可行的自治规范。从上一节对 10 所高校章程的分析中发现，我国公立院校还存在着办学自主权尚未完全落实，民主管理程度较低等问题，而这些问题主要是由于院校缺乏民主管理氛围、治理机构不健全和利益相关者参与不充分甚至缺位所造成的。尽管我国如今已是社会主义市场经济体制的国家，市场和社会多方的力量已经介入了我国公立院校的运行，政府对高校从“无限掌控”转为“有限治理”，但许多历史沉淀的问题依然存在并且突出。在国内外高等教育发展史上，高等教育曾经经历过教授治校、政府集权、董事会托管等管理模式，现在都逐步走向利益相关者共同治理的新模式，所以在我国公立院校构建符合其实际发展水平的利益相关者参与的治理结构显得十分重要。

首先，在理论层面，构建利益相关者参与的公立普通院校治理结构是在现代教育管理理念革新的时代背景下提升院校办学水平和效能的必然选择。其次，在权力分配方面，现代教育治理理念提倡院校的决策体系由单一向多元共同参与的体系转化。这就意味着在院校外部，政府要简政放权，解决对院校管理过程中的“越位”“错位”等问题；在院校内部，要依法分散校长的部分权力，[①] 充分发挥教师、家长以及学生、社会公众在院校管理方面的积极作用。再次，在权力制约方面，现代院校治理主张构建决策权、执行权和监督权三位一体的治理机制，以实现权力与权力之间的相互制衡。我国公立院校的管理是党委领导下的校长负责制，受到计划体制和集权管理的影响，过去我国高校的管理权与执行权二者合一，政党不分，监督不力，教师、学生参与监督的机制和渠道不健全，家长、社会对学校的监督更可以说是微乎其微了，有些机构也可以说是形同虚设了。因此，为了解决这些问题，就要通过建立健全民主监督机构来规范院校的权力的行使。当今院校面临的问题更加复杂多变，院校的教育和管理活动的顺利完成需要院校利益相关者的共同参与，只有利用院校的人力资源优势，发

---

① 冯大鸣 . 试论校长负责制的重构与再造［J］. 教育理论与实践，2003（1）：36.

挥各主体的主观能动性，才能提高院校的办学效益。最后，基于经济发展、社会进步方面，公立普通院校只有吸收内外部各利益相关者参与院校治理才能适应环境的飞速变化。例如，在政府和学校之间，我国的教育管理体制使得院校的管理权紧紧地握在政府手中，院校自己的话语权少之又少，院校几乎成为政府的附属机构。这种外控状态很容易使地方政府在急功近利政绩观的影响下，盲目追求院校的规模效益和学生就业率，忽视学生的个体发展规律，限制教师的专业自主权，降低院校的办学效益。因此，院校理应从政府手中独立开来，由院校规划自己的发展道路。

我国高等教育即将进入普及化阶段，按马丁·特罗的高等教育发展阶段理论分析院校教育的发展规模，根据一个国家的院校入学人口占适龄人口的比例，将院校教育的发展也划分为三个阶段：精英教育（15% 以内）、大众教育（在 15% ～ 50% 之间）和普及教育（大于 50%）。2016 年我国高等教育院校阶段的毛入学率为 42.7%，由此得出我国院校阶段教育已进入大众化阶段，下一个阶段即将步入普及阶段。高等教育进入普及阶段使得院校的利益相关者越来越多，院校与社会各界的联系越来越密切，院校对学生的培养内容也理应与各方利益诉求接轨。

第二节　重要利益主体的利益诉求特征

一、我国公立院校利益相关者及其分类

（一）利益相关者理论

“利益相关者”（stakeholders）这一概念起源于经济学领域，指那些没有其支持，组织就无法生存的群体，包括股东、雇员、顾客、供货商、债权人和社会群体。[①]1984 年，美国经济学家弗里曼在《战略管理：利益

① 尹晓敏．利益相关者参与逻辑下的大学治理研究［M］．杭州：浙江大学出版社，2010：31.

相关者方法》中指出：利益相关者是“那些能够影响企业目标实现，或者能够被企业实现目标的过程影响的任何个人和群体”。[①]利益相关者理论的基本观点是：社会组织都是多个利益群体构成的“契约联合体”，维系各个利益群体的纽带就是各自的利益诉求，各利益群体之间的关系是平等的、独立的。

而大学是一种由政府、教师、学生、行政人员和纳税人等利益相关者组成的组织，公立院校作为政府投资主办的非营利性组织，没有严格意义上的股东，没有人能够获得其剩余利润，每一个人或每一类人都不能单独行使对公立院校的独立控制权，公立院校只能由利益相关者共同控制，因此，公立院校是一个典型的利益相关者组织。“利益相关者理论”这一概念适用于教育领域，用来研究教育活动各权力主体或利益群体的协调性。那么，大学在治理过程中，应该以谁的利益为先？衡量标准是什么？[②]目前对于这些问题的回答还没有统一的认识，唯一可以明确的一点是大学治理应以大学整体办学利益最大化为根本目的。大学治理要特别重视大学利益相关者的共同治理，建立共同决策的长效机制，综合权衡各方利益，对国家、社会、教师、学生、行政人员的权利义务给予明确规定，在诸多利益相关者的不同利益诉求中寻求平衡，实现大学办学利益的最大化。

2. 我国公立院校利益相关者分类

随着公立院校的发展，院校的职能开始细化，院校的内外部出现了多元的利益主体，并形成了各自的利益诉求。为了提升公立院校治理的有效性和科学性，要对这些利益相关者进行分类，因为利益相关者的特点和作用决定了他们在院校治理中的参与程度和效果。根据各利益相关者参与公立普通院校治理的意愿、能力和责任感的密切程度，本书将我国公立院校的利益相关者划分为两类：重要利益相关者和边缘利益相关者。其中，本书所研究的重要利益相关者为政府（中央或地方的财政拨款人）、学生及

---

① Freeman，R.E.Strategic management：A Stakeholder Approach.Pitman，1984.

② 陈敏 . 我国大学章程价值的应然与实然研究［J］. 黑龙江教育（高教研究与评估），2010（1）：146.

家长、企事业用人单位，边缘利益主体为当地社区和社会公众。

二、政府的利益诉求

高等教育的发展自始至终都不能离开政府的支持，这种情况就算是在市场化程度极高的美国也是毫不例外的。在传统的关系当中，政府一直扮演着大学的拨款者、管理者、立法者的角色。政府作为当代公共利益的主要协调者和高等院校的出资举办人，其利益诉求本身即是公共利益，换而言之，政府资助举办高校可以认为是一种为实现公共利益的给付行为。公共利益的范畴很广，且时代性鲜明，政府作为掌控社会资源，管控资源流动的社会构成，正如“在社会变革中，新的社会需求往往通过政府的意志的方式得到集中、合法的表达”所表述的那样，政府作为合法表达的机构，本身对于高校治理的权限和利益的诉求都具有正当性。

（一）政府

政府一词有广义与狭义两种含义。广义的政府泛指依法行使国家权力的一切机关，包括立法机关、行政机关和司法机关。即克拉克·克尔所谓的政府“是一个包括皇帝、教皇、教育部长、拨款委员会、评议会，以及皇家委员会的非常混杂的实体”。[①] 狭义的政府专指负责执行和贯彻法律，组织国家事务的行政机关。

本书所讲的政府是代表国家出资举办中国公立高校并依法行使管理权的中央和地方各级政府。从目前我国相关法律法规关于政府管理权的规范来看，其内容主要包括：高等教育规划权、院校基本事项变更审批权、院校主要管理者的任免权、院校具体管理标准制定权、评估与监督权。这决定了政府对于公立高校来说必然存在相应的利益需求。事实上，世界上任何一个国家的政府都不可能也绝对不会完全放弃对高等教育的

① 克拉克·克尔．大学的功用［M］．南昌：江西教育出版社，1993.

引导和管理。[1]

（二）政府对高校的利益诉求

我国《高等教育法》明确规定，高等院校的设立应当符合国家利益和社会公共利益，并规定了我国高等教育的培养目标是使受教育者成为德、智、体、美全面发展的社会主义建设者和接班人。高等教育的任务是培养具有创新精神和实践能力的高级专门人才，发展科学技术文化，促进社会主义现代化建设。政府是公立高校的举办者，代表着国家利益和社会公共利益，它与高校的利益关系必然会反映在公立高校办学和管理的过程中。作为公立高校内部管理体制中一个重要的权利主体，深刻并且全面地影响着公立高校的发展和变革。政府的利益需求在社会变革的过程中体现得尤为突出。叶澜曾经深刻地指出："在社会变革中，新的社会需求往往通过政府意志的方式得到集中、合法的表达。"现在普遍提出的要推进政府管理体制改革，建立现代大学制度，处理好公立高校与政府的关系，特别是在过去我国高等教育领域受计划经济体制影响较多的情况下，理清公立高校办学自主权和政府的管理、监督权力之间的关系，并不是要否定政府对于公立高校应有的利益诉求，而是要在新的社会环境下，在公立高校内部为政府构建一种新的、合理的并且有效的利益表达方式和制度。

具体来说，在一所公立高校中，政府的利益诉求应该主要表现在高校所应该具有的三个主要功能上。

首先，政府需要公立高校为社会经济的发展培养高素质人才。这些人才的培养，是要靠公立高校来完成的。高素质人才是未来国家和民族发展的主力军，而接受国家的办学经费的公立高校作为传授和研究高深学问的场所，就不可推卸地应该承担为国家、社会和民族培育高素质人才的责任。著名的教育家、都柏林大学校长纽曼在他的《大学的理想》一书中针对主

---

① 于文明．中国公立高校多元利益主体生成与协调研究［M］．北京：高等教育出版社，2008：69.

张大学只做学问不用从事教学的观点提出过尖锐的批评："如果大学仅仅是研究学问的场所，我不明白为什么大学里还要有学生？"①

其次，政府对于公立高校的第二个利益需求是知识创新、促进经济发展和民族振兴。创新是一个民族进步的灵魂，是一个国家经济发展的不竭动力。作为人类知识和技术的聚集地，大学承载了国家、社会和民族的希望，所以在知识创新方面所承载的任务是责无旁贷的。大学的应然使命就是追寻知识和技术的前沿，追求知识和技术的创新。

最后，政府还需要公立高校提供直接的社会服务。今日的大学已不是昔日与世隔绝、自命清高的"象牙塔"。作为社会发展的动力源，大学需要承担更为广泛的社会责任，直接服务社会，传播和引领先进文化，传承民族传统，实现民族复兴。

近年来，中部城市武汉、郑州、合肥等多地政府纷纷出台人才政策，迫切希望通过落户、优惠购房、创业补助等方式将优质大学生留在城市发展。

·案例 2-1·

武汉发布百万大学生留汉政策
——5 年让 20 万学子住进人才公寓

武汉有各类高校 89 所，在校大学生 130 万人，在校大学生数量居全球单个城市前列。正所谓，人才是一个城市社会经济发展的第一资源，是城市的竞争之本。如何让百万大学生走进去、走下去、留下来、干起来，这是摆在武汉市委和市政府面前的一大亟待解决的难题。为了加快建设现代化国际化生态化大武汉、全面开启复兴大武汉新征程，2018 年武汉市政府正式发布《关于支持百万大学生留汉创业就业的若干政策措施》。此条例的颁布正是武汉打造"大学之城、青年之城、梦想之城、创新之城"战略的关键一步。武汉市政府此次欲通过 5 年的招才引智工作让 20 万大学

① 于文明. 中国公立高校多元利益主体生成与协调研究［M］. 北京：高等教育出版社，2008：71.

生通过安居落户、支持创业、高校服务等方面的支持扎根在武汉。这些优惠政策里包括了提供大量的人才公寓、发放“人才住房券”、开发万个基层岗位、创业享1年免费工位等，根据《措施》的内容获知，武汉进一步放宽了大学生落户条件，毕业3年内普通高校大学生，凭毕业证、创业就业证明即可落户；毕业超过3年的普通高校大学生，在武汉有合法稳定住所，与就业单位签订劳动合同、在武汉连续参加城镇社会保险1年以上，创业的正常经营半年以上，可申请登记为武汉市常住户口。除了居住方面的问题，在人才的就业创业方面，武汉市致力于5年内组织建设3000个以上大学生实习（训）见习基地，开发1万个基层社会服务岗位，吸纳应届大学毕业生就业。建成50所以上公益性创业学院，每年提供不少于10万人次的创新创业培训机会，各区分别提供不少于1000个创业工位。为在校或毕业5年内的大学生创业企业提供无抵押担保贷款，担保贷款额度最高200万元。

武汉的这些引才留智工作被称为“留汉九条”，分别是进一步放宽落户条件；提供人才安居保障；打造大学生主题社区；增加实习（训）见习机会；鼓励到基层就业；开展创业教育培训；提供免费创业工位；加大创业融资支持；优化创业就业环境。为了落实好这些政策，武汉市招才局同步推出两个“配套清单”：《流程清单》和《责任清单》。《流程清单》目的是让大学生看得明白、容易获得，降低大学生申报政策的难度和成本，从而准确快速地享受政策；《责任清单》则明确落实部门、办理时限，确保每条政策落实落地。据悉，武汉相关部门还将出台配套实施细则和管理办法等文件，及时解决政策执行过程中的困难和问题，持续优化各项服务办理流程，提高办事效率。

三、家长及学生的利益诉求

一个人无论在自己的幼儿阶段、学前阶段，还是在院校阶段，自己的兄弟姐妹和父母或者老师都可能接受过或者正在接受高等教育，那么，这个人不可避免地要与高等教育发生接触，成为高等院校关系生命周期连续体中的一个部分。当一个人进入大学学习，就是高等教育的消费者。毕业后离开院校走向工作岗位，是高等院校的影响者。如果工作岗位是在高等教育机构，则成了高等院校的内部成员。成家立业后，更是高等院校筹资或争取其支持的目标。人到中、老年后，子女或孙子女可能进入大学学习，如果自己需要为他们负担学习费用，则又变成了高等教育的“付费者”。因此，从高等教育营销角度来看，一个人的整个生命周期都具有顾客价值。

（一）学生的利益诉求

学生拥有大学的源头可以追溯到中世纪。那时的学生曾经是大学的所有者，如在波洛尼亚大学模式中，学生控制着大学行会。虽然“学生行会”模式很快被“教师行会”模式所取代，但其影响仍在一些国家的大学中得到保留。“波洛尼亚大学模式对萨拉曼卡和西班牙大学有着广泛影响，后来又影响了拉丁美洲。”[①] 随着高等教育的进一步发展，学生对大学的影响以及其被大学影响的方式有所改变，但是学生作为高等教育或大学的重要力量一直没变。因为没有学生就没有大学，学生毕竟是大学存在的理由。从这一意义上讲，学生是大学的主要利益相关者。学生这一群体与院校的存在意义同构，而不属于其他。无论何种因素与力量的参与，例如政治、经济或者人际关系，院校的直接服务对象都是学生。西班牙思想家奥特加·伊·加塞特十分强调学生对于大学的意义，认为学生是大学服务的根本所在，甚至“他很想把整个大学的使命移交给学生”。[②]

本书所讲的学生群体是指在中国公立高校注册取得学籍学习的各级各类学生。在市场经济体制下，学生通过支付费用来获取公立高校的教育服务，越来越具有顾客的色彩，而不仅仅是受教育者和被管理者，学生与公立高校之间正在形成公共服务提供者与使用者的关系。我国相关法律、法规对学生在公立高校中作为“教育服务消费者”的权益都有较为明确的规

---

① 克拉克·克尔．大学的功用［M］．陈学飞译．南昌：江西教育出版社，1993.

② 克拉克·克尔．大学的功用［M］．陈学飞译．南昌：江西教育出版社，1993.

定。《教育法》《高等教育法》对学生的受教育权及其保障、学生权利和义务等方面进行了规定，《普通学校学生管理规定》（2005 年，教育部第 21 号令）则对学生的权利义务、学籍管理、奖励与处分、学生参与民主管理方面做了更进一步的规定。这为保障学生群体在公立高校中的主体地位、合法表达自身利益诉求提供了法律保障。事实上，无论是在计划经济体制下还是在市场经济体制下，学生都是公立高校重要的主体。学生群体对于公立高校必定存在着现实与未来（长远）的利益诉求。

一般来说，学生群体在追求自身教育利益时会有两种价值取向：一是完人发展的价值取向；二是功利性职业的价值取向。完人发展就是追求自身素质和知识水平的提高，求得自身的主体性发展。功利性职业的价值取向是和工作的稳定性以及与工作紧密相连的经济收入联系着的。随着青年人对这种作用的认识，他们越来越希望获得高等教育，以使自己的社会地位得以提高。高校的这一作用是如此重要，以致无数的青年人逐渐觉得上大学是一种责任。此外，学生群体对于高等教育的需求不只局限于物质层次，还有物质需要以外的东西。叶澜认为：“人生利益不只是经济、社会地位的提升，也包括了受教育者的个性、健康、应对生存环境和创造幸福的意志、心态与能力的发展”[①] 在我国，目前学生个人对教育的价值的追求总的看来还是以功利性职业的价值取向为主流，即追求教育对个人的经济地位的改善。从物质层面来看，在接受高等教育已经成为人们进入社会生活的必需品的时代，学生的利益需求更多地体现为职业准备需求，这也是大多数学生的高等教育的需求类型。学生进入公立高校，接受高等教育服务，从而致使其知识、能力和素质等方面发生变化，成为对社会有用的人才。毕业之后进入人才市场，找到自己理想的工作，使自己通过接受高等教育而获得个人教育投资的经济利益回报。具体体现就是获得比不上大学更为优厚的待遇，并且在不断变化的经济生活中，更容易变换工作环境，从而找到更合适的工作，享受更优裕的物质生活。从精神层面上来看，学

① 叶澜．当代中国教育变革的主体及其相互关系［J］．教育研究，2006（8）：3-9.

生的利益需求可以包含以下几种：首先，学术的需要。现在为了学术而接受高等教育的学生在全部受教育者中的比例越来越小，但是不可否认，这仍旧作为一种类型的高等教育需求而存在着。有一部分学生为了满足个人求知的欲望，充实自己的精神生活而孜孜不倦，努力学习。其次，参与学校管理的需要。学生缴费上学，分担教育成本，希望有权利参与有关自身利益事务的决策，表达他们的意愿。再次，还有社会地位的需要。在现代社会，接受高质量的高等教育，已经成为获得较高社会地位的必要条件。尤其在社会阶层的开放和变迁急剧发生变化的经济体制转轨的今天，是否能够接受良好的高等教育也已经成为个人素质的一个重要标志。最后，还有提高精神生活质量的需要。这种需求是同提高个人素质和审美情趣相关的。随着现代社会经济的发展，人们的收入水平和闲暇时间日趋增加，人们提高自身生活质量的要求也随之提高，而高等教育则成了人们不断提高自己生活质量的一条重要途径。

（二）家长的利益诉求

在我国，学生家长仍然是高等教育的实际购买者，主要由他们来支付学生接受高等教育所需要的费用，因而，家长满意度应该成为高等教育评价的主要标准之一，而培养出让家长满意的学生的前提，是了解家长对高校学生管理工作的期望。在高等教育“买方”市场即将到来之际，高等教育适应社会发展，寻求自身合法存在的地位，也将自然而然地纳入服务领域。

学生家长对院校的满意度是院校教育质量的直接表现。一方面，现阶段，我国院校教育实施个人成本分担机制，家长为孩子支付学费。在一定程度上成为院校的所有者，根据谁投资，谁受益的原则，在有关院校发展和涉及学生利益的事项中，家长应参与管理和监督以保障自身的合法权利，也使自己的资金效益得到最大限度的发挥。另一方面，家长是学生最主要的监护人，具有为孩子选择和规划教育的“天然”权利和义务。家长普遍希望子女接受较好的教育，在促进孩子成长方面发挥着不可替代的作用，“对校务公开和民主监督的需求更迫切”。院校应努力提升教学质量以满足家长的利益诉求，使学生能够具备应对未来生活和挑战的能力。家长，是我国公立院校利益相关者主体。在我国传统的家庭教育中，孟母三迁的故事广为人知，孟母为了自己的儿子能够更好地学习，不断地选择适合儿子学习的外部环境，正如古语所言“近朱者赤，近墨者黑”，也是一样的道理，一个人所处的环境如何，就会形成怎样的性格。环境对人的影响是不可忽视的，人从出生到他成年一直到死亡，环境的作为都是异常明显的，从家庭环境到社区环境、学校环境、城市文化环境都是对其产生影响的场所之一。环境并不是指自然环境，而是指由人构成的社会环境。社会环境很大程度上影响一个的人的性格和行为。所以，重视环境是异常重要的，大学环境自然不例外。一般来说，学生家长的文化素质较高、表达能力较强，参与高校管理的能力与意愿就比较强，对孩子未来发展怀有美好的期待，所以特别愿意将自己对高等教育的想法直接和院校进行沟通，希望院校能够搭建家校交流沟通的平台，及时掌握学生在院校的学习、生活和成长等方面的情况，实现家校联合共同培养学生。在目前各大院校所实施的教学体制中， 教师和家长之间的沟通仅仅局限于与家长之间电话联系和简单的咨询，很难参与到对每个学生的管理之中。但是近几年，中国科学技术大学的家长论坛备受人们的关注，原本只是出现在初等教育或中学教育阶段的“家长会”，在今日的高校中也崭露头角。

·案例 2–2·

中科大学生家长论坛

位于安徽省合肥市的中国科学技术大学是省内唯一一所同时在“211工程”“985 工程”平台建立的高水平研究型大学。2009 年 6 月 4 日，中科大成立了我国首个高校家长平台。这个平台是由家长们自发组织建立的论坛，由家长自助管理，共同维护，经费自筹的民间论坛。这一平台的亮点在于关注到了亲情在教育中起到的本质作用，将家庭教育和学校教育及社会教育密切联系在一起，让家长能够时刻了解到中科大的动态，充分把握自己孩子在学校的利益。虽然是一个高校学生家长自筹经费维护的平台，但每年组织一次年会，一次一个主题。这一年会活动得到了校内相关部门的大力支持，也得到了一些媒体的关注。2011 年会，中国科学技术大学校长侯建国发来贺信。此外，该论坛还颁布了《中科大家长论坛家长年会章程》（试行），主要内容如下：

第一章　总　则

第一条　中科大家长论坛家长年会（以下简称家长年会）由中科大家长论坛家长年会组委会组织实施。

第二条　中科大家长论坛家长年会组委会是临时性机构，每年选举一次，每次任职 3 ～ 4 个月。组委会成员 7 人以下，其中主要由大二学生的家长组成，并至少有两个版主或者一个超级版主参与。

第三条　家长年会是群众性活动，不涉及经营性行为，不具有官方或任何其他组织的代表性和相关性。

第二章　家长年会的基本规则

第四条　家长年会每年一次，名称形式为：中科大家长论坛 ×××× 年会（如中科大家长论坛 2010 年会）。

第五条　组委会人员的选拔采取由符合条件的家长自荐和论坛（含家长群）成员推荐相结合，由论坛管委会讨论决定主要负责人，再共同协商选出组委会组成人员。

第六条　每届家长年会由组委会征集和确定当年年会主题。

第七条　家长年会组委会负责活动安排和意见征集，并以年会公告形式在论坛上发布，年会活动结束后及时进行活动总结与表彰。

第八条　家长年会时组委会会前通过预算并公告按 AA 制向所有参会家长收取参会费（特邀嘉宾免收），开支一定要节俭，并于年会后 15 日内在论坛上公布开支情况，其他个人和组织不得以相关名义收取任何费用。

第九条　每届家长年会可以适度引入赞助商，以纪念册、纪念品等加印广告的形式，来降低参会人员的参会费用，但内容与形式不得引起与会者的反感，不得影响年会主题。

第十条　年会组委会有义务向论坛管委会及下届组委会传交相关文件档案。

第三章　家长年会的主要活动

第十一条　家长年会活动安排由组委会负责，并成立主要由合肥家长组成的会务组进行具体准备工作。

第十二条　会议发言交流以中科大家长为主，特邀嘉宾为辅。

第十三条　建议安排适度的文化娱乐交流活动。

第十四条　条件成熟时，可以考虑举行颁奖活动（如优秀版主，年度最佳水手，最具人气“科学家”等）。

第十五条　其他拟举行的节目或者活动。

第四章　家长年会的时间与地点

第十六条　家长年会时间，建议在每年十一月中下旬的一个周末（学校半期考试之后），或者组委会征求家长意见决定。

第十七条　家长年会地点，首选中科大校园内的会议场所，争取得到校方相关部门或者团体的支持，没有适当或者免费场地时，由组委会选择确定方便的地点。

第十八条　原则上不举行室外会议。

第五章　家长年会的宣传活动

第十九条　论坛上每年设立年会专版，安排家长年会组委会的主要组织者担任版主，发布相关公告和解答相关事宜。

第二十条　年会现场摄影摄像由组委会统一安排。

第二十一条　年会现场影像资料统一在论坛年会专版发布。

第二十二条　向其他网站或者媒体发布影像资料，原则上以不易引起歧义的集体活动内容为宜，三人以下特写画面应征得当事人同意。

第六章　附则

第二十二条 本条例由中科大家长论坛管理委员会负责解释。①

（资料来源：中科大家长论坛）

四、企事业用人单位的利益诉求

（一）企事业单位

本书所指的企事业单位是国家设置的带有一定的公益性质的机构，其不属于政府机构。一般情况下国家会对企事业单位予以财政补助，通常分为全额拨款事业单位（如学校），差额拨款事业单位（如医院），还有一种是自主事业单位，是国家不拨款的事业单位。企事业用人单位是大学的合作者、赞助者和指导者。由于企事业单位是高校毕业生的输入地之一，所以，高校的发展能为企业提供高质量的人才和技术，而企业先进的技术、管理经验和资金也能为高校的发展提供支持和指导，因此，企业是高校的利益相关者，高校只有加强与企业的沟通合作才能满足企业对高等教育的价值诉求。

（二）企事业单位的利益诉求

随着经济社会的迅速发展，科技水平的不断进步，第三次工业革命带来的组织模式和生产生活方式的巨大变化，使得就业市场也发生了巨大的变化。我国就业市场出现高校毕业生“就业难”和用人单位“招工难”的失衡问题。究其原因都是高等教育所培养的人才与劳动力市场的需求不相匹配，无法满足用人单位的需求是导致这些问题的重要原因。高等教育肩负着满足个人发展与满足社会发展两重任务，高等学校培养的人才是否符合企事业单位需要，是衡量其教育质量的重要标准。在我国，企事业单位作为毕业大学生的主要接纳地之一，其对毕业生的规格要求和就业能力方面拥有较权威的发言权。具体来说，企事业单位所要求的就业能力包括：

① 中科大家长论坛 http：//www.ustcjz.cn/forum.php.

基础实践能力，如人际交往能力、沟通协调能力、获取知识能力、表达能力、动手能力和组织管理能力；知识拓展能力，即知识的开拓和扩展能力，表现为知识的广博度；创新能力，包括在工作中提出新理论、新概念，发现和解决新问题、开拓新局面的能力。[①] 然而，在高校扩招背后，很多学校单纯地追求办学规模，为了扩大招生而开设一些成本低容易开设但是质量不高的专业，导致专业设置泛滥，例如有些人文社科类的专业，招生数远远大于市场需求，学生在毕业时就会遭遇就业难问题。因此，高校在大学生的培养方面应该要确保学生个人具有更强的适应能力，能够最有效地掌握和应用职业适应能力，这些能力往往更加重视"可转移技能""21 世纪技能"和"非认知技能"，其中包括交流、数字素养、解决问题、团队合作及创业。[②]

（三）企事业单位与大学互动合作

大学要在管理和教学两方面与企业增进合作。在管理上吸引工商界人士参与高校重大决策的制定，借鉴企业先进的管理经验。在教学上，首先，大学的职业生涯教育要与企业加强联系，注重塑造学生的职业意识和素养。其次，高校的教学要注重与企业的生产实践相结合，培养学生将理论与实践结合的能力，从而适应生产方式的变革和社会经济的发展需要。从企业来讲，院校与企业在信息技术、人才培养等领域进行交流，有助于丰富教学资源。院校与企业的联合，能为院校提供多元的学习资源，通过共同设计和实施职业生涯规划与培训的课程，可以提前发现培养学生的天赋和潜力，促进学生个性的成长和职业生涯的发展，也能使人才培养的质量更加符合企业的需求，促进企业的发展。特别是教育资源相对匮乏的农村院校，可以立足本地特点，主动与地方企业交流，通过校企合作探索农村院校实现普通教育与职业教育

---

① 肖云，杜毅，刘昕．大学生就业能力与社会需求差异研究——基于对重庆市 1618 名大学生和 272 家用人单位的调查［J］．高教探索，2006（6）．

② 联合国教科文组织编．反思教育：向"全球共同利益"的理念转变？［M］．教育科学出版社，2017（51）．

相结合的有效途径，大力发展普及农村地区的院校教育。

·案例 2-3·

香港理工大学携手华为搞研发

2018 年 11 月 30 日，香港理工大学—华为先进计算系统与网络光互连联合实验室在香港理工大学揭牌，这是香港首个以高传输容量光通信及先进计算系统为主要研究领域的实验室。

这一实验室主力研究与高传输容量光通信系统相关的项目，包括长途和短距离数据传输系统、计算机网络和系统及大数据计算等。通过大学专家及业界的协同合作，该联合实验室将显著提高互联网系统的能力，带领先进计算系统与光通信领域的研发。

·案例 2-4·

茅台学院

2018 年 5 月 26 日报道，教育部 5 月 23 日向贵州省人民政府发函，同意设立茅台学院。

此次设立的茅台学院系本科层次非营利性民办普通高校，由贵州省领导和管理，学校定位应用型高等学校，全日制在校规模暂定为 5000 人，首批设置本科专业 5 个，即酿酒工程、葡萄与葡萄酒工程、食品质量与安全、资源循环科学与工程、市场营销。

第三节　边缘利益主体的利益诉求特征

根据本书研究的分类，将我国公立院校的利益相关者分为重要利益相关者与边缘利益相关者。其中边缘利益相关者主要包括当地社区以及社会公众。

一、当地社区的利益诉求

从社区来讲，公立普通院校的举办依托社区的支持，社区的繁荣也离不开院校的参与，因此高校周边的当地社区在本书中是指公立院校社会利益主体之一。

（一）社区

社区是若干社会群体或社会组织聚集在某一个领域里所形成的一个生活上相互关联的大集体，是社会有机体最基本的内容，是宏观社会的缩影。社会学家普遍认为一个社区应该包括一定数量的人口、一定范围的地域、一定规模的设施、一定特征的文化、一定类型的组织。社区就是这样一个“聚居在一定地域范围内的人们所组成的社会生活共同体”。本书所指的当地社区主要是公立高校周边的与高校共生共存的大集体。当地社区是公立院校存在、发展不可替代的重要合作伙伴，公立普通院校的举办依托社区的支持，社区的繁荣也离不开院校的参与，因此，社区在公立院校的公共关系中处于重要地位。

（二）社区利益诉求的多元性和互动性

当地社区的利益诉求具有多元性和互动性。多元性体现在社区对高校的利益诉求既有经济性也有非经济性。近年来，在我国大学及高等教育资源集聚度较高的一些城市，社区、地方政府和大学不断加强区、校融合与发展，开展了诸多探索创新。经济快速发展以及知识创新日新月异，对高等教育及其毕业生适应社会需求提出了更高的要求。近年来，在我国大学及高等教育资源集聚度较高的一些城市，社区、地方政府和大学围绕加强区、校融合与发展，进行了诸多探索创新。社会经济的快速发展以及知识创新的日新月异，对高等教育及其毕业生适应社会需求提出了更高的要求。近年来大学生就业难，成了社会热门话题，故高等院校应当不断加强与社会各界的合作，并对社会预期进行分析和预测。[①] 当今社会可以说任何组织的使命都是“服务社会，发展自己”。服务社会是由其社会职能决定的，发展自己是由其个体职能所决定的，其相互关系是通过服务社会获得的支持来发展自己。

具体表现在：对社区而言，高校的发展会给当地社区带来各种利益，包括经济和非经济的利益。在经济方面，高校发展有助于拉动当地社区消费，由于公立高校后勤服务社会化，在高校的周边社区具备了齐全的食堂、医院、酒店、幼儿园、中小学，就像一个小型社会。例如，中南民族大学是一个多民族学生汇聚的高校，在学校南北区学生公寓外的社区有许多清真餐馆，可以说这些餐厅的盈利很大部分都来自这所学校内部的学生。在非经济方面，高校可通过研究成果转化和其他社会服务，以促进社区经济增长和社会发展；高校发展还有助于扩大当地社区的社会影响，提高社区的知名度。王连森指出，大学声誉的形成是关于大学的信息经编码、扩散，最终在人们的思维空间中收敛成一个能够代表大学的有较高清晰度的信号[②]。可见，一所高校如果具备良好的声誉，其周边社区的人民也会感到与有荣焉。

（三）公立院校与社区互动发展

所谓互动性是指由于地理位置相互毗邻，导致社区与大学两个不同主体形成了在资源和需求等各方面的交流交融的相互关系。首先，大学与社区生活需求层面的互动，有利于减轻大学的负担，高效率地满足大学的消费需求，同时也带动了社区的发展。其次，大学与社区资源层面的互动，可以协助解决城市、社区的现实问题，与此同时有利于拓展大学的学术研究领域，形成师生有意义的研究和学习经验。就社区与大学关系来讲，除了经济活动上的相互依存，大学还扮演资源供给者的角色。大学最有价值

---

① 赵中建.21世纪世界高等教育的展望及其行动框架[J].上海高教研究，1998(12)：6-10.

② 王连森，栾开政.大学声誉形成机理与管理策略——基于利益相关者的分析[J].现代大学教育，2007（5）：50.

的资源是自己的知识、智慧、思想和人力资源。再者，大学与社区文化层面的互动与融合，可以引领城市文化的发展，提升社区生活品质，同时也有利于提高大学的社会声誉。大学对于社区具有难以比拟的吸引力和感染力，大学的存在对附近社区生活品质的提高具有正面贡献。大学可以通过有组织有主题的活动进入社区，增进校园与社区在感情上和文化上的交流和互动，一方面使社区感受大学的活跃文化氛围，另一方面也可以使学生增加实践锻炼和接触社会的机会。同时，成功的互动活动对于大学本身也可以提高其吸引力、影响力和大众的认同感，对于社区可以直接改善社区氛围和文化品质，提升社区品牌和吸引力。近年来，一些高校以大学文化为辐射源，积极推进和谐社会、文明社区和创新文化建设。如复旦大学以文化辐射为目标，面向社区，推进资源共享，积极支持区域文化事业建设。社区环境、城市文化氛围是需要营造的，可以和大学文化建设、学科优势资源发挥结合在一起。大学与社区的互动，使产学研、旅游、文化教育等多层次渗透融合，产生能量集聚与辐射倍增效应，能引领社区文化，推动区域社会事业的发展。如武汉纺织大学吸引全国时装面料设计研发机构，带动现代服装设计创新发展，形成城市发展亮点。武汉音乐学院就地改造，衍生了一批相关的培训、乐器制造等维修机构与中小企业，既保持原有特色，又显示了时代风貌。正如帕森斯所认为的，城市是文明的中心，大学既然作为高层次的文化机构，就不可能回避这个中心。

· 案例 2-5 ·

两江新区与西南政法大学共建社区市民学校

为进一步推动两江新区市民学校建设，整合优质资源服务新区社会发展，2018 年 3 月 25 日下午，重庆两江新区团工委与西南政法大学党委研究生工作部决定共建两江新区社区市民学校，旨在加强社区居民的法律意识，解决社区和居民所遇到的法律问题，探索一条有特色的市民学校建设新路。

作为共青团整合资源共筑社会治理的进一步探索，此次项目将充分整合地方、高校优势资源，围绕社区和居民的实际法律需求，将专业大学生法律资源引入社区，以学生骨干挂职锻炼、志愿服务为主要形式，开展法制宣讲及相关法律咨询和服务工作，服务社区居民，营造全民知法、守法、懂法、用法的社区氛围，推进依法治区，建设和谐两江新区。

两江新区团工委书记介绍，此次共建社区市民学校，是进一步整合资源建设市民学校的需要，也是双方优势互补、区校共建的一个重要举措。对于进一步落实党的十八届四中、五中全会相关精神，践行“依法治国十六字方针”中“全民守法”有关要求，推进依法治区，建设和谐两江新区都有促进作用。同时，他希望以此为起点，在未来的日子里，双方加强在市民学校管理创新、法制建设、志愿服务等方面的合作，为社区市民学校注入新活力。

“能够与两江新区社区合作，进行‘对接式’的全方位服务，这对我们来说既是机遇又是新的挑战，希望能将知识转化为力量，真正着力于每一个公民的生活中。”作为此次选派的学生干部之一，西南政法大学法学院 2015 级硕士研究生刘汝嘉告诉记者，目前，他们正积极对接各个街道负责人，进行具体的方案设计。

记者了解到，此次选派的优秀大学生志愿者均为西南政法大学的研究生，且大多数都通过了专业化的司法考试。利用此次机会，他们将走进两江新区的翠云、鸳鸯、金山等 8 个街道，按照一周一坐班服务、一月一场法律宣讲、一学期一场大型法律专场服务的模式，走进社区开展持续丰富的法律宣传、法律维权、法律宣讲、法律咨询等服务，切实提高社区居民的法律意识。

会上，两江新区法制局还结合依法治区的目标就社区法律志愿服务提出了要求，西南政法大学党委研工部副部长刘琳红对选派的学生干部就工作角色、责任、意识等方面提出了要求。各街道团工委书记为学生干部们分别发放了聘书。

（资料来自两江新闻官网）[①]

① 两江新闻官网 http：//www.liangjiang.gov.cn/Content/2016-03/25/content_261570.htm .

二、社会公众的利益诉求

（一）社会公众

社会公众是指与公共关系主体——社会组织发生相互联系、作用，其成员面临共同问题、共同利益和共同要求的社会群体。本书所指的社会公众主要是院校建设的合作者和支持者，是与中国公立高校在达成交易合同的基础上，投入资产、资金或智力等并依据合同享有权利、从办学中获取经济回报的国内外社会组织和个人，能够影响院校的外部形象和美誉度。社会公众一方面作为纳税人购买教育公共产品，因此有权监督院校资金的使用；另一方面是院校的支持者，院校教育质量的监督者和评价者，其评价能影响到院校的招生、师资建设和外部形象。院校的发展会促进社会的进步，进而满足社会公众的利益需求。

（二）社会公众的利益诉求

在我国现阶段，社会公众对公立高校的投资与举办者政府的投资性质不同，因为与其在声望、荣誉或社会公共利益方面的追求相比，追求回报是合作办学者进行投资考虑的重要因素。在市场经济体制下，社会公众中的合作办学者的出现是市场机制的结果，是中国公立高校利用市场机制配置资源的重要表现，并具有其法律依据。我国《教育法》第四十六条规定："国家鼓励企业事业组织、社会团体及其他社会组织同高等院校、中等职业院校在教学、科研、技术开发和推广等方面进行多种形式的合作。企业事业组织、社会团体及其他社会组织和个人，可以通过适当形式，支持院校的建设，参与院校管理。"《高等教育法》第十二条规定："国家鼓励高等院校之间、高等院校与科学研究机构以及企业事业组织之间开展协作，实行优势互补，提高教育资源的使用效益。国家鼓励和支持高等教育事业的国际交流与合作。"第六十条第三款规定："国家鼓励企业事业组织、社会团体及其他社会组织和个人向高等教育投入。"这些为中国公立高校合作办学者基于投资所获得的权利及特定利益的实现提供了法律基础。

20 世纪 90 年代中期，随着我国经济体制改革的深入推进，高等教育办学体制的改革开始成为高等教育体制改革中的重要议题。办学体制改革的中心任务是要改变政府包揽办学的格局，逐步建立以政府办学为主、社会力量共同参与办学的体制。公立高等院校投入多元化的直接后果就是大量与公立高校有着产、学、研合作关系的企业、组织及个人走进了公立高校校园。合作办学者演变为公立高校的利益主体的逻辑顺序是，由于社会制度的转型，使社会资源分配方式发生根本转变，社会资源由政府垄断支配，转变为由社会分散的主体在市场机制的作用下自由地支配，动机就是有利可图。于是，这些社会中“不同的资源主体，在不同的获利动机下以不同的方式投资高等教育，从而形成复杂的投资类型”①。目前社会资本参与公立高校合作办学的主体主要有：一是行业、企业，包括商业银行等金融贷款机构等。公立高校向商业银行等金融机构贷款，能够充分运用金融手段融资、集资或引入社会闲散资金，一般来说主要用在学生公寓建设和后勤社会化等方面。在高等教育“成本分担”的背景下，企业投资办学也能够给企业带来超值的回报和丰厚的利润。二是其他社会机构及个人。近年来，社会及个人在我国高等教育的投资中有明显增加。一些公立大学与合作者联合创办二级学院已形成一定规模。这些投资者不乏公益性动机，但他们也是要获取经济回报的。三是境外合作者。早在 1978 年改革开放之初，我国实际上已经开始探索各种形式的中外合作办学活动。到目前，我国有 90 多所公立高校同境外举办合作办学机构百余所。其中一半左右的机构实施高等学历和学位教育，专业设置大部分为管理类，如工商管理、企业管理、会计等。实施非学历教育及各类培训的专业则以国际金融、计算机、市场营销、商务外语等为主。因此，对公立高校进行投资、合作办学的组织、机构或个人实际上已经构成了公立高校的利益主体，因而也有

① 刘亚荣．我国普通高等教育投资体制改革过程的动态分析［J］．教育研究，2002（8）：55-58.

必要建立相应的利益表达机制对他们的利益诉求给予反映。在我国现有的法律制度框架下，合作办学者与公立高校的合作仅限于局部领域，他们只有在合同规定的合作项目范围内对涉及自身利益的决策具有受益权、参与管理权和监督权，而不享有全局性的权利，对公立高校内部管理事务的影响也是局部的、有限的。其中“受益权是指基于合同而获得收益的权利，主要是指合同标的指向投资者受益的权利。例如投资者投资公立高校举办特定的教育机构，该教育机构具有合同规定的收益时，合作者从中获得收益的权利。参与管理权主要是指合作者依据合同的规定可能具有的对合作项目的管理权，这种管理权主要是在合同上明确规定的。监督权则主要是指合作办学者依据合同的规定对属于自己权利的事项具有监督的权利，以保障合同的顺利实施，从而实现自己的受益权”①。在我国现阶段，追求自身利益最大化是合作者投资中国公立高校优先考虑的问题。

三、总结

概言之，政府、学生家长群体、企事业单位、社区和社会公众已经构成中国公立高校的多元利益主体。他们对公立高校的发展都有其独特的利益要求：忠于“社会公共利益”、学术自由、自主办学、就业与发展、获取回报。这些利益需求在内容上既存在共性，又互有差别，同时，各自利益需求表达的强弱对比也存在着不可度量性。利益矛盾与冲突不可避免。由于多元利益主体的利益表达与整合的方式——中国公立高校现存大学制度沟通与调适机制上的适应，加剧了彼此之间的矛盾和冲突，这就严重妨碍了中国公立高校的健康与可持续发展。当然，各利益主体各自的利益诉求并不一定都是合理的，有些利益诉求可能与公立高校的办学理念和办学目标是相背离的，甚至是不合乎法律规定的，有些情况下他们的利益诉求还是相互冲突和矛盾的。但是，就其实质而言，多元利益主体在公立高校的矛盾和冲突，是他们赖以实现自身利益的现存大学制度本身在利益表达

① 覃壮才．我国公立高等院校法人治理结构研究［D］．北京师范大学，2004：84.

和整合机制方面的缺陷造成的。因此，我们必须以一种务实、理性的态度来创新大学制度安排，打开化解公立高校各种矛盾和冲突的大门，形成公立高校内部和谐有序的利益关系和利益格局。这恰恰也是构建现代大学制度的焦点所在。

第三章　民族院校治理体系的形成与发展

民族院校是我国少数民族高等教育的一种特殊形式，它是我国民族教育在发展过程中的一种集中管理模式。为了进一步完善我国民族院校高等教育体系，我国在高度关注民族高等教育院校发展的基础上，民族院校治理体系也在逐渐趋于完善，以便促进社会整体的持续发展。众所周知，从古至今民族问题一直以来都是备受国家关注的一个问题，历年来，国家总是实施一系列的政策去缓和民族与民族之间的关系，一方面国家为了满足社会和民族地区的发展需要，另一方面也为了解决民族地区的教育问题，由此在漫长的历史发展过程中，逐渐成立了民族院校，为民族地区的经济发展注入新鲜的血液。在民族院校逐渐形成和发展的整个过程中，与民族院校治理体系相关联的社会利益主体及其相关者也逐渐在发生着变化，这些变化促使民族院校治理体系不得不进一步加强完善。在高校内部治理体系中，本质上就是寻求高校中各个利益相关者之间的利益平衡或利益最大化，它主要包括院校的治理结构和治理能力。治理结构这一概念较早适用于企业界，它是指为了适应组织中产权制度中的一些基本特点——使得所有权和控制权进行分离，由此所做出的一种制度安排，它主要用于支配若干在组织中有重大利益关系的团体之间的关系。后来，治理结构这一概念用得比较广泛，逐渐成为政治学、经济学、管理学等各个领域都经常用的词，现如今研究者对政府治理结构、公司治理结构、社区治理结构、院校治理结构等研究得比较多，在后来的一些企事业单位，网络治理结构的研究中也逐渐使用起来。总的来说，经研究发现，大多数研究者都认可治理结构包含内部治理结构与外部治理结构两个方面，在民族高校的治理体系中，必须要平衡民族院校内外治理结构的关系，这样才能使其在未来发展过程中形成双赢的局面。对于一个高等院校来说，要实现自身的发展目标，必须要有与之相适应的大学院校治理结构，以便可以随时提供与各个利益相关者有关的利益关系架构图，并且在一定程度上还可以约束各个利益主体之间的种种行为，使之与大学发展的总目标相融合，这样才能比较全面和系统地说明高等院校不仅要正确处理院校内部的学术权力、行政权力、政治权力之间的关系，还要平衡院校外部的高校与政府、高校与市场、高校与社会之间等的关系；此外，国家还要制定一系列与之相对应的教育政策和教育法律法规，使高等院校内部结构的政治、行政、学术和教师、学生等各种权力和外部结构的政府、市场、社会、企事业单位等众多影响因素优化整合在一起，共同推动高校治理体系有机地发展。[①] 当然，正如上面所说，大量学者也都支持民族院校的治理结构分为两个部分——内部治理结构和外部治理结构，民族院校内部治理结构涉及很多方面，如民族院校内部各个管理阶层中复杂的人事关系，院校内部教职工与管理者之间的利益联系，民族院校与民族地区经济发展的利益关系以及民族院校与学生家长的各种利益关系，学术与行政之间的利益关系，学生和教师之间的利益关系等；外部治理结构涉及院校与政府之间，院校与社会之间，院校与各个企业事业单位发生的各种利益关系，等等。这些复杂的利益关系，都是根据社会形式的变化而变化的，随着社会利益主体不断地介入，导致各个部门之间的利益关系发生了极大的变化，主要都与学校的人力、物力、财力等的分配使用，甚至与院校内部教职工人员的采纳，招生人数，办学模式，课程专业设置，以及对学生奖学金、助学金的资助等都有密切的联系。在

① 徐银燕 . 高校治理结构研究综述［J］. 保定学院学报，2010，23（04）：85-88.

外部环境的影响下，对于民族院校的发展必须更加重视治理体系的完整性，在此过程中，除了需要高校治理结构内外达到平衡外，还离不开院校所具有的治理能力。高校治理能力，是指各治理主体对高校资源的配置和对高校中各种较为复杂的利益进行筛选的过程，它是高校运用各种手段和方式来取得更多利益，使各个利益主体之间的利益达到一种平衡状态的能力，即通过合理有效地运用高校治理体系、协调和控制相关利益主体之间的利益大小、均衡各个相关利益主体的利益状态以此来达到各方获取利益目的的能力。[①] 简而言之，院校治理能力主要包括治理形式、治理方式和后来我国新型发展阶段所提出的现代化治理等方面，它是民族院校治理体系中所存在的一些具体手段和方式方法，它可以促使各个利益主体之间的利益达到平衡。总的来说，民族院校的治理体系是通过院校内外的治理结构和治理能力来得到提升，用最合理的治理模式，达到民族院校最佳发展的目的。在这些复杂利益关系的笼罩下，民族院校在发展的过程中不得不与社会中的各个利益主体相接触。随着时代的需求，从中华人民共和国成立初期较为单一的利益主体模式——“一元化模式”的利益主体的参与，到现在多元利益相关者参与的局面，只有响应时代不断变化的号召，民族院校才能在普通高校中占有一席之地，才能培养更多对民族地区发展有利的人才。因此，高校治理体系的建立和完善对民族地区的经济发展具有重要的推动作用，一方面它可以通过对高校内部的行政权力和学术权力之间的关系进行制约，使其处于均衡状态甚至是学术自治的状态，在院校内部提升学术权力的地位；另一方面还可以通过与政府、社会、企事业单位之间的交流与合作，达到相互促进、相互融合的双赢局面，促使民族院校教育质量的提升，进一步促进民族地区的经济发展。

目前，民族院校已由政策性高校发展成了普通高校，在社会市场经济体制导向下，民族院校的社会利益主体也发生了质的变化，逐渐形成了地

---

① 余华 . 高校治理体系完善与治理能力提升探析［J］. 湖南师范大学教育科学学报，2015，14（03）：58-62.

方政府、企事业单位、民间社团、社会公众、学生家长等多元利益主体的模式，为了与我国高等院校办学体制、管理体系、专业课程设置等相适应，我国民族院校治理体系在半个多世纪里不断发生变化。我国目前有16所民族院校，有的成立不久，有的成立历史比较悠久，它们的发展变化都是我国民族院校教育体制和运行机制不断改变的结果，跟随着这些历史脉络，我们可以更多地去了解民族院校的发展变化。为了进一步深入发展民族高等教育事业，国家也出台了一系列相关政策，去改变和逐步完善现状，构建现代大学制度。基于此，梳理民族院校治理体系的历史演变过程，可以清楚地了解到，在民族院校中社会利益主体都是在国家的教育改革和发展纲要等的政策引导下变化的，政策促使民族院校治理体系改革并且建设全新的民族院校治理制度，方能使民族院校紧跟现代大学制度的步伐，逐渐向现代大学治理模式看齐。纵观整个民族院校高等教育治理体系过程，由于带有强烈的政治性和民族色彩，受国家政策取向影响是非常明显的，尤其是中华人民共和国成立以来，我国教育部和国家民委前前后后召开了五次全国民族教育工作会议和五次全国民族学院院长会议，共同构成了民族院校高等教育发展的主要脉络。① 民族院校治理体系的改革和逐渐完善，与国家所出台的政策是息息相关的，也正是由于这些制度与政策的保障，民族院校在未来发展的道路上才不会过于艰难。在市场经济体制导向下，民族院校的办学体制应该是充满活力的，也应该是对外开放的，院校的运作机制是灵活的、开放的，其中主要涉及民族院校的办学规模、专业设置、课程配制、招生分配和管理体制的发展等一些院校内部的问题。总体而言，一个学校的办学理念、办学风格、办学特色和办学优势对院校治理体系都会产生很大的影响，当然学校的整体氛围也是离不开院校的治理体系的，这些外在的影响和内生的因素都可以促使民族院校治理体系不断发展，它们都是相辅相成的。

---

① 张立军.新中国民族高等教育办学体制60年历程[J].民族高等教育研究，2013，1(01)：85-92.

从已有研究来看，大多数研究者都以时间为线索来梳理民族院校治理体系的发展脉络。如有学者认为，中华人民共和国成立以来我国民族院校的发展经历了初创阶段（1949—1956 年前后）、向正规高等学校转型阶段（1956—1966 年）、“文化大革命”非常阶段（1966—1976 年）、新时期恢复阶段（1977—1985 年前后）、教育体制改革阶段（1985—1998 年）、中国高等教育扩招阶段（1999—2005 年前后）六个阶段，目前进入内涵式新阶段发展时期（2005 年至今）。[①]

从这些时间段划分的过程来看，我们可以总结出关于民族院校治理体系所发生变化的历史时期，也可以很明确地看出民族院校治理体系的形成与它在各个阶段的发展与当时的历史大背景是密不可分的。在本章节中，根据上述民族院校发展的脉络，梳理出民族院校治理体系的形成和在不同阶段发展中的一系列变化。本章一共分为三个部分：第一部分是民族院校发展历史起点（初始期，20 世纪五六十年代），1949—1956 年，民族院校初创阶段，由于中华人民共和国成立以来，国家亟待解决民族教育问题，因此初步形成了民族院校；1956—1966 年，三大改造的完成，民族院校进入初步发展时期；1966—1976 年，遭遇“文化大革命”对教育的强力抨击，因此民族院校的发展走了下坡路，是民族院校发展的大倒退时期。第二部分是民族院校转型发展的必然阶段（20 世纪八九十年代），1976—1992 年，是民族院校的恢复和改革时期，伴随着党的十一届三中全会的召开，民族院校的发展终于迎来了改革开放的春天，其间还恢复了高考制度；1992—2000 年，是民族院校进一步发展的时期，总结了过去民族院校教育发展的经验，为后续民族院校的发展提供了新的方向。第三部分是民族院校新型发展时期（2000 年至今），每一届人民代表大会的召开，都给民族院校未来的发展提供了很好的发展平台，逐渐朝着民族院校现代化治理体系迈进。在 20 世纪新的教育政策的影响下，党的十八届三中全会又进一步提出了“推进国家治理体系和治理能力现代化”的理念，进一步给民族院校未来的发

① 马少刚 . 新常态下民族院校转型发展路径研究［D］. 中央民族大学，2016：44.

展定了一个更为具体的目标，实现民族院校治理体系和治理能力现代化。在经济新常态的趋势下发展民族院校教育事业的新常态，在新时代新思想的潮流中开启了一幕幕华丽的篇章等全新的民族院校治理体系的具体实施方案，使民族院校社会利益主体逐渐趋于完善，以便适应新时代的多元利益主体管理体制。紧跟历届党的中央委员会的指示，尽管民族院校的发展变化是曲折的，只要在起伏不断的历史长河中砥砺前行，一定会看到胜利的曙光。

第一节 历史起点（1949 年—1976 年）

中华人民共和国成立以后，国家就极为重视民族问题，在民族院校的发展过程中，为了实行民族区域自治，进一步巩固和发展民族地区的政治、经济、文化建设，贯彻执行党的民族教育政策，逐步形成了民族院校治理体系。它的形成受到多种因素的影响，比如办学模式、办学体制、院校管理内部体系等，当然民族院校治理体系的形成也离不开各种利益主体对利益最大化或者利益平衡化的追求。民族院校治理体系是由治理结构和治理能力构成的，当然在初期这个阶段，民族院校治理体系主要是与治理结构的外部结构联系比较紧密，其中主要涉及的是院校与政府这一利益主体之间的关系，在民族院校长此以往的发展过程中，高校唯一的投资者和办学者就是政府，它为高校提供了强有力的硬件和软件资源配置，是高校校园建设、经费来源的最主要途径。在这一时期，高等院校内部一切管理体制都在市场经济体制和政府高度集权的统一管理的模式下形成，[①] 形成了政府“一言堂”的利益垄断格局，导致高校内部大大小小的事务几乎全都由政府下达命令，学校只能服从和执行相应命令，在高校的整个发展过程中，学校只不过起着政府下达命令的一个中间媒介作用。当然，任何一种管理体制都有与之相对应的管理机制，我国高度集中的计划经济体制的形成也有与之相对应的管理机制，在此经济体制下，形成了一元化利益的格局，

① 张立军 . 中国民族院校内部管理体制 60 年历程［J］. 民族高等教育研究，2014，2（02）：88-92.

主要是以政府为整体的利益观为基础，过分强调了社会整体利益、共同利益。由于中华人民共和国刚刚成立不久，关于民族院校治理体系的发展各种制度还不够完善、不够具体，政府是院校唯一的投资者，在计划经济体制的导向下，民族院校治理体系中的管理体制显得比较单调，全权由政府决定，难免会出现一方独裁的局面，再加上政府是国家权力的代言人，仅仅涉及政府这一层利益主体，看似简单的一切事务仅由政府管理，政府包揽了高校的全部利益。当然，在政府内部也一直存在很多复杂的利益相关问题，政府部门的利益主要包括国家利益、社会公共利益和政府自身利益等。在 20 世纪五六十年代，这一时期是民族院校的初创阶段，民族院校一直都是政府的附属物，一直都是依靠政府的力量发展和存活下去的，再者政府的身份一直是公共利益的代表者和维护者，它的最主要职责就是为社会谋取最大利益，促进社会更进一步向前发展。在计划经济体制导向下，政府的办学体制是高度集中统一的一元办学体制，在中华人民共和国成立初期由于我国制度还处于不完善、不稳定阶段，高校就直接交给中央政府全权管理，在后来的持续发展中，虽然也向省级、市级学校党委下放过部分权力，但是中央政府集权于一身的根本性质并没有发生什么变化，政府掌管着高校内部所有的使用权、分配权、占有权，由此导致政府成为最大的利益主体，也是当时高校中存在的唯一利益主体。政府在民族院校的发展中垄断了全部的地位，在治理结构上，民族院校内部的教职工和学生，院校治理内部各个部门全都是依附于政府而生存，离开了政府这棵大树，他们就无法生存，在民族院校的外部治理结构中，主要也突出的是院校与政府之间的关系。由此可以看出，在中华人民共和国成立初期的大背景下，民族院校要想进一步发展，院校治理体系就必须和政府有着紧密的关联，只有这样，才会找到民族院校自身发展的一席之地。

一、1949 年—1956 年，民族院校的初创

1949 年 10 月 1 日，中华人民共和国成立，推翻了压迫各族人民的三

座大山，标志着我国从新民主主义革命过渡到社会主义革命时期，中华人民共和国的成立使我国的人民翻身做了自己的主人。在民族院校成立的前期，不得不提及我国建立的第一所民族院校——延安民族学院，它的成立主要是为了满足中华人民共和国成立初期所需要的少数民族干部。1941 年 9 月，中央领导人以陕北公学的少数民族部为基础，创办了延安民族学院，但是由于一些外在环境原因和自身发展的原因，民族院校在之后发生多次迁移，再加上国民党对陕甘宁边区的大举进攻和骚扰，迫于紧急形势的需要，上级指示民族学院暂时停办，一直到 1948 年 2 月，延安民族学院的活动暂告结束。基于此，在中华人民共和国成立之后，国家一方面为了找到一条适合本国国情并且具有少数民族特殊性质的人才培养模式的最佳道路，另一方面也从当时国内存在的许多民族一系列具体问题出发，民族教育工作者在延安民族学院时期民族院校建立和发展的经验的指导下，重新确立具有中国特色社会主义的少数民族高等学府——民族学院。在中华人民共和国成立初期，民族学院主要的任务是迅速集中大批的少数民族中各级各类的干部和专门人才，为的是当他们学成之后可以回到当地少数民族地区，去促进当地民族区域的经济、政治、文化等的快速发展。在党中央集体对民族院校发展高度重视的前提下，出台了民族教育相关政策、法律法规，给民族院校的发展提供了保障，从此民族院校就成为民族高等教育中不可分割的重要组成部分。[①] 在中华人民共和国成立后，我们国家在不断的摸索、探索中砥砺前行，本着各民族团结和各民族是一个互帮互助的大家庭的理念，重新建立了与高等院校发展相符的民族院校。民族院校的成立标志着国家对民族问题的高度重视和对民族教育事业的高度肯定，是国家对民族地区教育发展大力支持的具体措施，它是集中少数民族人才培养的特定场所。民族学院主要培养的对象以地方行政干部为主，主要培养县、区级干部，让他们通过在民族学院学习后，仍然回到当地充当得力干部，使得民族教育事业大步向前发展，这也是民族院校初创的初衷。1949

① 马少刚．新常态下民族院校转型发展路径研究［D］．中央民族大学，2016.

年9月29日，中国人民政治协商会议第一届全体会议通过了《中国人民政治协商会议共同纲领》，提出“中华人民共和国境内各民族一律平等，实行团结互助”。[①] 在中华人民共和国成立前期，政府的力量在民族院校的发展过程中占有重要的位置，这些政策的出台，为后来民族院校的稳定发展做了很好的铺垫，只有各民族团结一致，大家才能齐心协力地办好民族教育，才有更多的精力去管理民族院校，才能万众一心在民族教育政策的指导下共同创建理想中的民族学院。为了更具体实现民族院校教育事业的发展，在1955年、1958年、1960年、1964年，中华人民共和国教育部和国家民委依次召开了四次全国民族学院院长会议和两次民族教育工作会议，总的来说，这几次会议的召开，是国家对民族教育事业高度重视的结果，并且为后期民族院校的建立提供了保障，由此，也给民族院校的发展带来信心，让他们可以培养出一批又一批优秀的高质量的少数民族干部。[②] 从中华人民共和国成立以来，教育部和国家民委一直都极为重视和支持民族院校教育事业的发展，这几次会议的召开给民族院校教育事业提供了未来发展的方向，也给民族院校治理体系的改革指明了具体实施的方法。民族院校的建立是社会的需要，是民族的需要，更是国家的需要。总的来说，少数民族所在的地区占据了我国大部分的领土，通过民族院校的建立，可以集中培养一批优秀的民族教育事业管理者，他们可以带领民族地区的人民推动民族地区的政治、经济、文化等的发展，可以迅速解决我国经济发展的短板问题。在民族院校治理体系的形成中，涉及了许多社会主体利益介入的问题，首先就是民族院校的管理者、领导者的社会利益问题，在不同的时间段，国家会出台不同的政策，从而就形成了不同的管理体系、不同的管理职能和不同的管理人员，最终院校的内部管理体制和院校治理的方式方法也会有所不同；其次就是整个民族院校的办学体制问题，相对于高等院校来说，增添了预科办学教育，让民族院校的学生能更容易接受较

① 张立军．我国民族高等教育政策60年回眸［J］．河北师范大学学报（教育科学版），2011，13（01）：5-10.

② 马少刚．新常态下民族院校转型发展路径研究［D］．中央民族大学，2016.

好的教育；再者，在这几次全国民族学院院长会议中，提出了新的民族教育方针和民族教育政策，这些政策都是根据民族院校初步发展时期需要改革的措施所制定的，因此这些政策的出台与实施逐步稳固了民族院校发展的根基，使民族院校在未来的发展中更加自信，可以跟着国家的政策更坚定地发展下去。

在中华人民共和国成立初期，我国在马克思主义政策的引导下，对民族问题存在的基本情况有了新的了解和全新的分析，由此，根据具体情况，中国共产党又重新制定了新的历史阶段的相关民族政策，即坚持民族平等和民族团结的基本原则，逐步解决国内民族所存在的一系列问题。民族院校成立几十年来，我国先后建立了十几所民族院校，主要是为少数民族地区的革命和建设培养大批少数民族干部和对民族地区的经济发展有利的专门人才。[①] 在中国共产党的领导下，我国建立的民族院校，一直本着民族平等和民族团结的基本原则，在民族院校初创时期实施的是校长负责制的高校内部体制管理模式，在这一时期，民族院校管理体制和各种与民族教育相关的政策也比较单一化、简单化。这些方案的提出都是由于中华人民共和国刚刚成立，很多势态都不是很稳定，处于不完善阶段，为了使民族院校在中华人民共和国成立初期的形势中可以站稳脚步，也为了稳固民族院校的发展，中央委员会实施了一系列教育方针和政策，找到了一条适合民族院校发展的道路。“巩固祖国的统一和各民族的团结，逐渐发展各民族的政治、经济和文化，消灭历史上遗留下来的各民族间事实上的不平等，帮助落后的民族提高到先进民族的水平。”[②] 在政府的大力支持下，帮助落后发展的民族地区和落后的民族教育，促使各民族逐渐走向平等的民族教育水平，历史所存在的、遗留的民族问题在各种政策的实施下逐渐在淡化，在民族院校发展的途中，我们不应该只看到院校内部自身存在的问题，还应该转换一下发展观念，从政治、经济、文化等这些外部领域下发展民

① 蔡琼．中国民族院校发展中的文化转型［D］．华中科技大学，2006.

② 马丽娟，伍琼华.1949—2010：中国民族教育六十余年文献综述与研究［J］. 西北民族研究，2011（04）：91-102.

族教育事业，用系统论的视角去看待民族院校的发展问题，处理好民族院校内部和外部所存在的全部问题。在中国共产党的领导下，民族院校在建立过程中会产生很多利益相关的问题，民族院校的成立，离不开地方和中央政府的财政拨款，离不开各个阶层领导人的个体利益，地方政府占据了民族院校成立的主导地位。政府是从国家的利益出发，为了培养更多对民族地区有利的人才，可以根据学校的收益来看支出，只有让自身的利益最大化，才能使民族院校的治理体系进一步得到发展，与此同时，政府是根据具体的情况给民族院校拨款的，政府对民族院校除了合同拨款，还有最主要的绩效拨款，在政府对高校的投资办学过程中，政府的利益诉求主要是通过法律、行政权力命令高校的行为，具体表现在高校所应具有的三个主要功能上：政府需要为院校发展培养高素质人才，还要进行知识创新，促进经济发展和民族振兴，高校直接提供社会服务，最后还有文化传承的功能。再者，就是民族院校治理结构也涉及学校内部结构的种种利益问题，学校内部各级管理者的利益冲突问题，其中还掺杂了一些学校与行政、政治、学术的内部利益关系以及学校与教师、学生之间的一些利益问题等等。对于学生的学习过程也会或多或少接触一些与利益相关的问题，尤其在中华人民共和国成立初期，在当时的时代状况下，学习仅仅就是为了生存，为了可以在社会中立足。根据著名教授伯顿·克拉克的《高等教育新论——多学科的研究》一书中所提到的："一个人的平均收入与他们所具有的教育水平是呈现一个正相关的发展趋势的，主要是归因于高等教育对资本的一个创造。"他提出的这个观点，主要是从人力资本理论的角度，是对学生个人利益追求的最好的诠释，学习就是为了以后有较高的收入，是为以后的人生利益做铺垫。虽然在计划经济体制导向下，个人学习的利益诉求较为狭隘，但是在现实社会中，只有自己的生活水平满足了，才可以安心为了求知、求真理而学习，才能真正达到爱智慧的境界。

从 1949—1956 年，从中华人民共和国成立到社会主义改造时期，我国民族教育主要是接受和改造旧的教育，主要是从民族院校治理内部结构的管理体制开始，在民族院校改造初期，各个院校都实行校务委员会负责制，校长直接由政府任命。针对这种民族教育管理体制，行政权力主宰一切，难免会出现学术人员的反对和极端现象，再加上政治、经济、文化、意识形态等各方面都不完善，在我国民族院校的初创时期的后期，民族院校就开始实行了校长负责制。校长是直接的管理者加领导者，一切决定权都属于校长，校长是整个学校的核心。为了与当时的计划经济体制大的环境相适应，校长是政府部门直接的接头人，直接由政府任命。校长负责制的监督机制存在许多问题，导致民族高校中行政管理权力过大，学校内部的管理权力显得微乎其微，校长负责制逐渐使民主管理的权力缩小，教师的权力过小而校长的权力过大。中华人民共和国建立初期，总的来说是政府主导时期，国家为了有效合理地调控和分配有限的经济资源，想在短暂的一段时间里，快速恢复国家综合实力，在借鉴苏联模式和基于本国的国情各方面出发，选择了高度集权的计划经济体制。这一时期，各种政策都处于摇摆期，管理者和领导者比较单一，只有市场和政府干预民族院校的管理体制和运行机制，导致民族院校的投资主体和产权主体都比较简洁单一化，政府垄断了一切对自身发展有价值的利益，在这些政策的实施下，逐渐形成了政府主导高校发展的一元化的利益主体模式，虽然强调集体利益，但是完全忽视了个人在民族教育发展中所涉及的利益关系。在这一时期，政府对高校处于全权管理的状态，比如从行政职能部门、教学管理部门到专业、课程设置、教学评价评估等都会一一参与，这种在计划经济体制下高度集权的管理制度逐渐形成了。

二、1956 年—1966 年，民族院校的初步发展

1956 年底，我国在中国共产党的领导下完成了三大改造，使中国跨入了社会主义社会。党的八大的召开，国家及时调整了工作重心，把工作重心转移到社会主义建设上去，我国开始转入全面建设社会主义初级阶段。在这一时间段里，我国各民族地区先后也完成了民主改革和社会主义改造，对民族地区的发展带来了强有力的推动作用，大大提升了民族地区接受教

育的氛围，使得民族院校的资源更加丰富，不管是政府还是学校都可以获取更多的利益。同时也根据生源的增多和社会对学校的需求提出一些新的要求，因此人才的供需结构就发生了变化，也给民族地区的教育带来了很大的变化。

在民族院校初步发展阶段，我国分别在不同时间段召开了四次民族学院院长会议，主要是总结民族院校的办学方针、办学模式、治理体制、教学任务、教育体制等等关于民族院校治理体系的一系列问题。1955 年 6 月 27 日至 7 月 2 日，教育部和国家民委联合在北京召开了全国第一次民族学院院长会议，会议指出："民族学院今后一个时期内，以提高在职少数民族区、乡级干部和部分县级干部的政治水平、文化水平和业务水平为主；个别地区根据建设事业上的需要和学生来源，可适当招收少数民族青年，施以一定的专业训练或文化科学教育，培养少数民族的各种专业干部和知识分子。"① 首次会议的召开，提出有利于少数民族地区经济发展的人才培养模式，培养出一批对民族地区经济发展真正有利的群体，可以为民族地区做出贡献的有知识、有能力的青少年。在这个教育方针中，民族教育模式也逐步趋于正规化，民族院校也可以培养一批专业的社会骨干，由此开始，民族院校进入了初步发展阶段，民族院校开始着重发展民族高等教育事业。可以说，这次会议的召开，是民族院校发展的一个重要起点，为后来民族院校高等教育事业的发展打下了坚固的基础。1956 年 6 月，教育部和国家民委召开第二次民族学院院长会议，提出以往的办学体制和教育模式已经不适合当前形势的发展，重新强调民族学院的性质是政治学校。在中华人民共和国成立以后，我国为了在短时间内可以迅速恢复和发展国民经济，增强国家经济实力和民生生活的经济能力，中央政府采取了急于求成的高度集权计划经济体制，所谓的社会主义计划经济体制是指一种建立在公有制基础之上的由政府直接代表国家的集体利益，以指令性计划来

① 蔡仲淑 . 市场经济与民族院校改革的新思路［J］. 广西民族学院学报（哲学社会科版），1996（02）：59–61.

配置资源的经济形式。① 由此可以看出，就算在民族院校的初步发展时期，还是离不开政府的扶持，在计划经济体制的影响下，我国民族院校依然是政府的附属物，在国家资源配置上依然依附于政府，任何权力都是由政府在掌控，我国高度集中的社会利益主体在一定程度上还是会带动民族院校的发展。1960 年召开了第三次全国民族学院院长会议，主要讨论了如何把与民族高等教育发展相关的方针、法律法规等真正落到实处，还对未来几年的民族教育事业做了一些规划，积极促进民族教育事业向前发展。1964 年召开的第四次全国民族学院院长会议，主要强调创办民族院校的目的是为少数民族地区培养优秀的建设者和接班人，来带动民族地区经济的发展。会议的主要精神，可以概括为以下几点：（1）民族学院必须把轮训和培训少数民族政治干部当作首要任务。（2）重新调整本、专科，彻底落实办好民族预科教育。（3）必须集中精力办好干部轮训班，在之后的几年中，所培养的轮训少数民族政治干部要占到全校学生的 65% ± 5%。② 在这几次全国民族学院院长会议中，民族院校最大的特征就是政治学校，这是一直不变的初衷，政府一直处于至高无上的地位，要使民族院校的教育更上一个台阶，就要改善政府独当一面的格局，就要适当调整院校的办学课程设置，切实办好民族预科教育，提升民族院校的教育质量。也不应该过分强调以政府整体利益为主的观念，不应该在政府领导下实行一元化利益主体。

（一）1956—1961 年，党委领导下的校务委员会负责制

在中华人民共和国成立初期实施的校长负责制存在很多弊端，没有具体地确定校长高效管理中所具有的职能，因此在 1956—1961 年，民族院校初步发展阶段，不再由校长掌握一切高等院校的权力。中共中央、国务院在《关于教育工作的指示》中明确规定“一切学校应当受党委的领导”“在

---

① 于文明. 中国公立高校多元利益主体生成与协调研究——构建现代大学制度的新视角[A]. 辽宁省哲学社会科学获奖成果汇编［2009—2010 年度］［C］.2013：10.

② 张立军. 中华人民共和国民族高等教育办学体制 60 年历程［J］. 民族高等教育研究，2013，1（01）：85-92.

一切高等学校中，应当实行学校党委领导下的校务委员会负责制”。随着时代的要求，政府部门实施监督制，实行党委监督校长负责制，可提高学校重大决策的科学化、民主化水平，促进教师学生全面成长成才，形成良好教育氛围，以便于民族学院更好地发展，还可以使政府所得利益最大化，但也存在弊端，没有明确地说明，在这一阶段是党委说了算还是校长说了算，很难明确各自具体的职能。

（二）1961—1966 年，党委领导下以校长为首的校务委员会负责制

在党委领导下的校务委员会负责制的实施过程中，学校内部管理体制出现一些问题，民族院校的管理体制又发生了很大的变化，实行党委领导下以校长为首的校务委员会负责制。1961 年 9 月，中共中央颁布了《高教六十条》，规定“校长是国家任命的学校行政负责人，对外代表学校，对内主持校务委员会和学校的经常工作”，条例规定了学校党委对学校工作实行统一领导并且主要的权力都集中在党委一级，此外，也主要强调了校长的作用。1963 年 3 月，教育部颁布了《全日制中小学暂行工作条例（草案）》，规定“校长是学校行政负责人，在地区党委和主管教育行政部门领导下，负责领导全校的工作”“学校党支部对学校行政工作负有保证监督的责任”。政策的提出，在很大程度上削弱了学校内部矛盾，整个学校内部在行政管理人员的带动领导下，学校转变了办学思路，显著提升了院校的教育质量。在民族院校发展时期，不论是民族学院的学校性质还是学校内部管理体制，都跟政府有很大的联系。[①] 在这一阶段，随着社会经济、政治的发展，民族院校的一元化利益模式不再满足社会现实的需求，由此政府也改变了自身对民族院校治理的模式，一度采取放权政策，政府把它的权力分散化管理，通过多方的共同管理过程，才能得到自身的利益最大化，与此同时，也使得民族院校治理体系有张有弛，达到民族院校不断发

---

① 张立军 . 中国民族院校内部管理体制 60 年历程［J］. 民族高等教育研究，2014，2（02）：88-92.

展的效果。

三、1966 年—1976 年，民族院校发展的大倒退

1966—1976 年，在这十年期间，我国建立起的各项事业都遭到了严重的打击。从 1966 年开始，全国教育事业进入了“文化大革命”的十年，无一例外，民族院校的发展也遭受到了很严重的摧残和破坏，使得民族院校的治理体系呈现出破烂不堪的状态。在此期间，“四人帮”的出现全盘否定了过去的民族高等教育政策，阻碍了民族院校发展的道路，迫使民族院校的一切发展都处于停滞状态。教育是一个国家之根本，是国家社会发展的本源所在，因此“文化大革命”主要是从教育战线开刀的，“教育革命”是“文化大革命”的重要组成部分，总体来说，“文化大革命”是民族教育发展过程中所经历的最大阻碍。随着对教育战线成绩的全盘否定和“两个估计”的出台，民族教育领域地区也开始大量宣传“民族问题已不存在”“民族学院已完成历史使命”等不切实际的谬论。在国家的引导下，除了中央民族学院和广西民族学院，其余的民族学院都被撤销或停办，广大教职工干部都遭受了严厉的批判、斗争、审查和下放等，使得学校不能正常教学。到了 20 世纪 70 年代初期，除中南民族学院，其他各民族院校先后都得到恢复并开始招收学生，但是由于生源的文化程度不一致，再加上政治局面极其不稳定，导致学校的教育质量大大降低，得不到民族院校该有的保障。“文革”十年对原本薄弱的民族院校来说，无疑是雪上加霜，学校整体没有发展可言，更不用说学校内部的各个微观层面的发展，比如，学科专业建设的停滞、专业划分不遵循科学规律、科研成果被否定等现实情况。[①] 在“文革”期间，可以说是民族院校发展的大倒退时期，民族院校的治理体系依然停留在民族院校初创和初步发展阶段，我国依然实行的是高度集权的计划经济体制，在计划经济体制的导向下，政府一直是民族院校最大的投资者和生产者，政府一直追求的都是公共利益的最大化，高

① 蔡京 . 中国民族院校发展中的文化转型 [D] . 华中科技大学，2006.

等院校在发展的过程中，也会追求自身利益的最大化，在此期间，民族院校也一直依赖于政府，它们之间一直都存在着寄生关系。在计划经济体制的影响下，政府集多种身份于一身，与高校之间形成了一种上级命令和下级服从的科层制的行政模式。政府在宏观上统筹规划着全国教育发展、划拨教育经费、制定各种教育政策法规等等；在中观上主办、管理高校内部治理体系；在微观上制订教学计划、课程标准、学科专业设置等等。高校的一切工作都是按政府的意旨运行的。① 在公有制和计划经济体制的影响下，一直都是政府统揽大局，高校依然是政府的附属物，政府依然占据主导地位，也是民族院校发展的重要支撑力量。这十年期间，在国家政治动荡的大背景下，使得社会各个利益相关主体者之间几乎没有任何利益可取，因而对民族教育事业的发展起了巨大的阻碍作用。

第二节　转型发展（1976 年—1999 年）

在经历了“文化大革命”之后，我国的民族教育开始走入转型发展时期。民族院校一直在我国高校发展过程中占据很重要的地位，一直以来党和国家都大力支持和发展民族教育。尤其是改革开放以来，随着我国从计划经济向市场经济转轨，中国公立高校所处的社会环境发生了重大变化：一是形成了经济领域市场经济模式；二是在政治领域进行了以政府机构改革和职能转换为主要内容的政治体制改革。② 民族院校在经历了“文化大革命”巨大的冲击后，民族院校治理体系也跟着中国公立高校进行了一系列重大的转型，国家根据民族政策又重新对民族院校的一些治理体系进行了整改，不管在任何时期，一个事物的发展都要遵循自身内部的发展规律和外部环境的发展规律，因此，民族院校的发展也要适应当时的外部现实状态和自

① 于文明．试论中国公立高校多元利益主体的生成［J］．沈阳师范大学学报（社会科学版），2009，33（05）：1-6.

② 于文明．中国公立高校多元利益主体生成与协调研究——构建现代大学制度的新视角［A］．辽宁省哲学社会科学获奖成果汇编［2009—2010 年度］［C］.2013：10.

身所适应的发展方式，必须从根本上重新调整院校治理内部体系和发展战略规划，为院校的转型发展提供有力的保证。因此，与之相对应的政府职能也会随着发生转变，所谓的政府职能转换就是指国家行政管理机关，在某一时期内，根据国家现状需求和社会发展需要，对政府管理人员应该承担的职责、处理问题的方式方法等的转移和变化。随着政策的改变，相应的政府职能发生转变是必然的，它是由影响政府职能的诸多因素所共同决定的。政府的职能有很多，具体包括管理职权、职责的改变，管理角色的转换，管理手段、策略、方法及其模式的转变等，就仅仅对企业的关系而言，转变政府的是经济水平的职能，当然对于民族院校而言，就是转变政府在高校的一些行政管理能力和相应的权力。早在党的十一届三中全会召开以后，中国政府经济职能的转变和对民族教育问题的转型就已经开始了，邓小平同志以改革开放和社会主义现代化建设总设计师的伟大气概和战略发展的长远眼光，在总结历史经验的基础上，“重新对新时期的民族教育工作做了一系列重要论述，在新的历史条件下继承和发展了马列主义毛泽东思想的民族理论”，创立了关于我国新时期民族问题的理论——有中国特色的社会主义民族理论。①1978 年在北京举行的党的十一届三中全会召开之后——这是一个重大转折意义的会议，使得我国从此进入了改革开放的春天和步入社会主义现代化建设的全面发展时期，在同一时段，也给民族院校的发展带来一个很好的契机，可以大大促进民族院校自身的转型，比如在院校发展目标、院校人才培养模式再到更细微的招生、课程设置等方面。随着社会主义市场经济体制的逐步建立和完善，我国绝大多数的民族院校已发展成为具有齐全学科门类、地域优势的特色、专业优势的特色、办学模式适度的综合性高等学校，民族院校在高等教育的发展中具有独特地位，同时在培养少数民族专业技术人才方面也发挥着不可替代的作用。②十一届三中全会后民族院校从整体上调整了目前主要的学习任务和未来办

---

① 陈辅逵 . 邓小平民族理论的形成与发展［J］. 黑龙江民族丛刊，1999（03）：26–28.

② 谭志松，李银慧 . 构建民族院校民族团结教育常态化机制［J］. 中国民族教育，2016（10）：20–22.

学方向，但随着市场经济体制的逐步建立，民族院校仍然存在很多问题和矛盾，最严重的问题就是在民族高等教育改革的过程中，民族院校培养的人才供需不平衡，而且所设置的专业与民族地区的经济发展需要不相符合等，这些具体的问题成了民族院校向前发展的障碍。在中华人民共和国成立初期，我国为了巩固在民族地区的政权，一直都是专门为少数民族地区培养所需要的干部，从本质上来看，我国的民族院校是具有政治性的，在之后的各个发展阶段，都是主要以解决民族问题为根本宗旨来发展民族院校，并且一直都是遵循传统民族院校的管理和办学模式，从这些现象也可以看出，民族院校是极具强烈的政治色彩的。在现实处境中，在民族地区的经济发展的需要和国家高等教育领域总的改革趋势下，民族院校在各个方面的发展还存在很多的不足，在宏观层面，民族院校整体结构还不够稳定，一直处于摇摆不定的状态；在微观层面，办学的模式相对比较封闭，办学体制不够完善，民族院校的总体办学质量薄弱等这些硬件和软件设施都不够齐全，阻碍了民族院校的发展，再加上对政府过于依赖，没有形成自己独特的发展趋势，所以面对这一系列的困境，民族院校在未来的发展道路上任务是艰巨而沉重的。民族院校肩负着提升我国少数民族高等教育水平、高等教育质量和对外展示我国民族政策、维护我国民族地区的经济稳定发展等使命。由此，面对这些沉重的历史使命，为了适应新的社会态势，我国民族院校必须根据现实的需要，实现自身院校内部治理体系的转型发展，提升民族院校的人才培养质量。再者，回顾我国民族院校转型发展的整个历程，主要经历了中华人民共和国成立初期的干部和少数民族优秀青年的培训阶段、向政治干部培训与学科专业共同发展的转型阶段、向以学科专业为主的民族高等院校转型阶段、向“学术组织”类型转型阶段等等。民族院校自身的改革发展历程表明了民族院校有向一般普通高校强烈趋近的意愿，并且民族院校向普通高等教育转型的意愿在逐步增强，民族院校在这一步一步的教育转型过程中，根据实际情况对自身办学任务等进行了相应的调整。民族院校向一般普通高校转型是高等学校学术逻辑的内在要求，是高等教育公平与效率逻辑的内在要求，由此可见，民族院校由特殊高校向普通高校的转型是必然的趋势。十一届三中全会以来，虽然对民族院校的办学任务做出了相应的调整，但影响学校办学模式更为深层次的是教育体制、机制等这些直接关系到民族院校内部治理结构的体系，在实际意义上，仍旧沿袭的是20世纪50年代的模式，这种发展模式，无疑跟新形势下的民族院校发展的态势是极为不相符的，会导致民族院校的发展停滞不前或者倒退，为了改变这种现状，民族院校未来发展的唯一路径就是向一般普通高校转型、向民族地方高等学校转型等等。民族院校只有认清自己所处的环境，才能通过转型发展找准自身教育体制改革的方向，这样才能逐渐与普通高校在同一体制和机制下运行，在众多的高等教育领域中寻找到自身的发展空间。总的来说，就是要建立起具有我国民族院校自身特色的现代大学制度，可以跟普通高校在同一平台发展，达到与普通高等院校经济发展水平持衡的状态。在高校各自的发展领域中，可以通过市场竞争和资源优化重组，以推进各民族院校高效的发展。在十一届三中全会之后，我国民族院校的转型是全面性的、彻底性的，全面转型就是要求改变我国原有少数民族高等教育模式，以促进民族院校转型，整体提升民族高等教育水平和教学质量。① 民族院校向普通院校的转型，也是为了适应少数民族地区的经济发展，不再同中华人民共和国成立初期一样，不再仅仅是培养少数民族核心干部，而是也要同很多普通院校一样设置它们特有的专业课程，给民族院校的学生设立专业的教育，使得民族政策和民族理论更好地发展，使得其发展可以跟上时代发展的步伐。

中华人民共和国成立以来，尤其是改革开放40年以来，我国民族教育政策的建设取得了巨大的成就，为民族院校的教育改革和发展提供了保障，此外，我国一直以来都是根据民族院校自身的发展特点和民族地区实际的经济状况，制定民族教育事业的政策，保障少数民族平等的受教育权，同时也促进了多民族的教育和文化的融合。改革开放40年以来，民族院

① 邱世兵，顾海良，崔延强．中国民族院校转型发展研究［J］．高等教育研究，2016，37(10)：18.

校的一切都发生了翻天覆地的变化，这些都源自经济体制等的转变，政府的职能发生了转变，民族院校的管理体制也发生了改变，这一系列的转变提升了中国经济的发展，一切都呈现出欣欣向荣的场景。在社会主义市场经济的力量推动下，我国的经济形式呈现出多样化的状态，也在很大程度上促进了民族院校治理体系的进一步发展。为了适应改革开放的新形势，政府又制定了一系列民族教育政策，使得民族教育事业快速向前发展，导致社会利益主体也发生了很大的变化。在改革开放前，中国的利益格局是整合一块的集体利益，个体利益和局部的利益全都要服从于整体利益，同时在以国家政府为代表的整体的协调与控制下，个体之间在利益上达到平均化。改革开放之后，高校不再是政府的附属物，不再是政府利益的一元化主体，而是打破了传统政治经济模式下分化程度比较低的社会利益格局，使得中国社会利益格局朝着多元化的方向发展，也使得民族院校朝着多元利益化方向发展。从一定意义上说，我国社会转轨的过程其实就是社会利益主体格局由一元到多元的变革过程，这场变革使我国高校难以生存的社会环境发生了全面而又深刻的变化，这是多元利益主体生存的社会动因。当然，我国社会转型也有自己的特征：一是坚持市场经济体制化取向改革；二是坚持社会主义民主的政治制度方向；三是选择的路径为渐进模式的道路；四是在经济体制改革与政治体制改革的关系上采取了经济体制改革与政治体制改革相适应的方针。[①]我国在这些自身独有的特征上砥砺前行，使得民族院校治理体系在此特征的支持下，也选择了一条渐进式道路，在市场经济体制和民主取向上找到一条适合向前发展的出路。所谓的多元利益主体主要涉及的是地方政府、企事业单位、民间社团、社会公众、学生家长等等，具体来说，民族院校治理体系外部结构主要是政府与高校之间的关系，政府是民族院校治理体系中多元利益主体组成中较为重要的一方。在民族院校转型时期，民族院校与政府之间的关系发生了很大的变化，法

① 于文明. 中国公立高校多元利益主体生成与协调研究——构建现代大学制度的新视角[A]. 辽宁省哲学社会科学获奖成果汇编［2009—2010 年度］［C］.2013：10.

律赋予了高校自主办学的法人实体地位，因此高校与政府不再是计划经济体制下的那种管制与被管制的关系，民族院校也从此不再是政府附属物，因此需要重新界定政府与民族院校之间的利益关系，在此过程中并不是要否定政府在民族院校中的作用和地位。当然，在多元利益主体共存的格局中，政府依然是处于主导地位的；民族院校治理体系的内部结构主要涉及的是以教师为代表的教职工群体、学生群体、以校长为代表的校级管理者、企事业单位等，其中教职工群体的利益诉求主要就是业务方面、参与学校管理的需求，包括物质与精神方面的诉求等；学生群体主要是对物质和精神方面的诉求，再者就是对优质教育资源的强烈愿望和院校有限的优质教育资源不能满足自身的发展需求之间所存在的矛盾，导致学生群体的利益得不到满足；之后就是以书记、校长为代表的校级管理者群体，高校管理者主要是国家利益、政府利益的代理人，高校管理者在市场经济体制的影响下，他们也可以是教职工群体和学生共同的利益代表者，换言之，就是一所学校的优劣直接涉及学生未来的前途和教师的绩效工资，这些都是直接与个体利益相关的需求；最后就是企事业单位，它们也会为高校的发展投入部分资金或者投入其他对高校发展有利的资源，在这些利益主体之间，可以看出它们都是互相依赖利益而生存的。不同的利益主体在不同的利益驱动下，他们各自都具有相对独立的政治经济利益，尤其是一些新产生的利益群体，他们更希望可以通过参与政策的制定过程来保护自身利益，各自都希望政府在制定相应教育政策的过程中可以多考虑关于本行业的切身利益，希望可以通过一系列政策能够反映和回应他们的呼声，他们在争取的过程中，已经清楚知道了利益在现实中所占有的权威性地位。而在社会的新转型时期，必然会带来社会利益关系的调整和利益格局的重新建构，因此，利益冲突就成了社会发展中的一种常态。改革开放之后，中国进入急剧转型的发展时期，实质上是相关利益者的利益调整和再分配，由于旧的利益格局被打破，新的利益格局还没有完全发展定型，因此，在这个教育政策制定的大环境中充满了很多的不确定性和不稳定性。正如亨廷顿提出的一个重要命题所描述的那样：“现代性产生稳定，而现代化却会引起不稳定。”自改革开放以来，我国虽然已经大致建立了市场经济体制的基本框架，但与市场经济相配套的种种利益协调机制还没有完全建立起来，导致了各种社会利益格局的失衡以及由失衡引发的各种社会利益冲突的涌现。[①]要想民族院校从延续了几十年的一元化利益主体中破茧而出，在利益的驱使下，必须要调节好我国民族院校转型之后的多元利益主体之间的利益冲突问题，在多元利益主体生成的同时，应多注意各个利益主体资源的调整和再分配情况，因此民族院校的治理体制也会相应地发生一系列的改变。在市场经济体制下，伴随着我国高等教育体制改革，民族院校的法律地位也发生了一些改变，不再受政府的束缚，逐渐走向多元利益主体的格局。

一、1976年—1992年，民族院校的恢复与改革

1978年12月，党的十一届三中全会召开，是我党历史上具有深远意义的伟大转折，它重新确定了中国共产党的正确的思想路线，决定把全党的工作重点转移到社会主义现代化建设上来，这也是一次开创未来的会议，它揭示了社会主义改革开放的道路，标志着中国从此进入了一个崭新的历史阶段，也更进一步促进了民族高等教育方针的贯彻落实。1978年全国教育工作会议以后，教育部重新修订了一些关于高校管理体制的教育政策，重新规定了学校的一切重大问题都必须经过党支部的讨论决定，通过对这些教育政策的改正，扭转了“文化大革命”给民族院校带来的巨大损害。在1979年8月，国家民委和教育部在北京召开第五次全国民族学院院长会议，又在11月两部联合颁布了《关于民族学院工作基本总结和今后方针任务的报告》，总结了民族院校在过去20多年的办学经验和民族院校治理体系改革的经验，具体明确地阐述了民族学院的性质和特点，“民族学院是培养少数民族政治干部和专业技术干部的社会主义新型大学”。

① 刘海燕.转型期我国公共政策制定中的利益分析［J］.河南教育（高校版），2008（12）：29-31.

为了与时代接轨，建设新型的民族院校，国家对民族学院的办学方针又做了新的规定，“我国进入了新的历史时期，各民族学院必须把工作重点转移到社会主义现代化建设上来，坚决执行党和国家对民族工作的任务，大力培养新时代所需要的具有共产主义觉悟的政治干部和专业技术人才，为少数民族地区的社会主义现代化建设服务”。[①] 这一办学方针是国务院在1950年规定的民族院校在新时期的发展。新时期的民族院校的发展，一方面吸取了之前民族院校发展的经验，另一方面又基于民族地区现有经济的现代化建设发展，为民族院校未来的发展指明希望。[②] 这些教育政策的实施，都是由国家坚定不移地对民族院校教育改革的决心所决定的，在十一届三中全会的政策引领下，民族院校重新找到了发展的起点：构建现代化的民族院校和为少数民族地区的社会主义现代化建设服务。1978年，对中国社会发展来说是个非常重要的转折点，这一年，给我国高等院校带来了新的机遇和新的希望，也是继“文化大革命”之后我国高等教育事业发展迎来崭新开端的一年，中共中央在1985年正式颁布的《中共中央关于改革教育体制的决定》中提出：“必须从教育体制入手，系统地、彻底地进行改革。”为了适应时代的需求，教育体制必须发生改革，同时，由于我国由计划经济体制转变为市场经济体制的过程中，高校与社会和市场的联系日益紧密，企业对高校的投资、学生和教职工群体对高校的各种需求等等，使高校内部各个相关利益主体之间的关系发生了极大的变化，民族院校也不例外，民族院校也涉及了很多与利益主体相关的利益关系。民族院校从中华人民共和国成立初期比较单一的利益主体逐渐演变成政府、教职工群体、高校行政人员、企事业单位、学生群体和社会合作办学者等多元利益主体共同存在的局面，这些现象的出现，让民族院校内部治理体系逐渐形成了多元化的共同利益相关主体。

“文化大革命”之后，我国民族院校进入了恢复与改革时期，在接

---

① 孟立军．论干部教育的“三次转型”对民族学院（大学）发展的影响［J］．民族高等教育研究，2014，2（03）：1-4.

② 张强．贯彻落实《教育规划纲要》加快推进民族教育发展［J］．中国民族教育，2011(01)：4-5.

下来的十几年中，我国民族院校重新得到了大力发展。经国家教委批准，1980 年 1 月中南民族学院得到恢复和重建。1980 年 10 月教育部、国家民委发出了《关于加强民族教育工作的意见》，指出："没有大批少数民族出身并且坚持社会主义道路和党的领导的干部、有专业知识和能力的干部，特别是大批的科学技术和管理人才，要逐步消灭民族间事实上的不平等，彻底解决我国民族问题，显然是不可能的。我们大力帮助少数民族，最有远见的办法，就是要从办好民族教育，大力培养人才做起。"[①] 教育部的文件就是要使人们的思想开始觉悟，只有大力支持发展民族教育，才会拉动民族地区的经济发展。民族院校要实现向普通院校转型发展，就必须得跟普通院校一样，设置专业的教育课程，使民族院校栽培出一批知识体系较为全面的可用之才。1981 年 2 月，教育部和国家民委召开了第三次民族教育工作会议，强调要大力提高民族院校教育事业地位和社会地位，从中国的国情和社会的实际需要出发，切实贯彻调整方针，使民族院校可以找准自己发展的坐标，稳步向前发展。1984 年，我国确立了"简政放权""政企分开"的思路，所谓的"简政放权"，其实是中国在经济体制改革开始阶段最早提出来的，它的提出主要是针对中华人民共和国成立初期，高度集中的计划经济体制下政企职责不分、政府直接经营管理高校等等状况。政府适当地下放权力，有利于高校管理体制的进一步完善；政企关系一直处于相互对立又互相牵制的状态：一方面，政府以各种理由、各种身份对各种企事业进行行政干预，导致政府和各个企事业单位并没有达到完全脱离的状态；另一方面，政府作为国家利益的代表者，很多因素都会受到相应的限制，使其不能与企事业单位发生脱离。在十一届三中全会以后，我国很多方面都受到了极大的影响，特别是受经济体制改革和政治体制改革的影响较大，我国高等教育的办学体制、投资体制也因经济体制改革和政治体制的改革而呈现出多元化的特征，由此导致民族院校管理体制呈现权

---

① 张立军．我国民族高等教育政策 60 年回眸［J］．河北师范大学学报（教育科学版），2011，13（01）：5-10.

力下放的态势。政府不再是唯一的办学主体和投资主体，在市场经济体制的导向下，高校有了自主办学的法律实权并拥有自己独特的法人地位。市场经济体制多元利益主体化的特征决定了不同的决策主体，中国公立高校和政府的关系由国家控制模式向国家监督模式演变，公立高校的转型是面向社会，自主办学的法人实体，不再是政府的附属物，而且呈现出了因投资主体多元化而形成的产权结构多元化的局面，从而带来了权力和利益结构的分化，高校人从对公立高校的依附中解脱出来，获得相对独立的人格和利益，成为具有明确利益联系和独立追求利益的"经济人"。[①] 在市场经济体制的导向下，民族院校也从政府中脱离出来，它成为单独的个体，获得相对独立的权利。在民族院校恢复和发展时期，"简政放权""政企分开"是对政府职能的另一种转变，政府不再是唯一的办学主体和投资主体，也不再是唯一的管理者和决策者，出现了一系列新的利益主体，使得民族院校在新的多元利益主体介入下得到更好的发展。1985 年 5 月，中共中央做出了《关于教育体制改革的决定》，这是中国教育发展史上一个极具跨时代意义的文件，为新时期教育改革和发展提供了有意义性的指导。1987 年 10 月，中国共产党召开十三大，全面论述了社会主义初级阶段理论，确立了党在社会主义初级阶段的基本路线，制定了"三步走"的发展策略和各项改革任务：第一步目标，1981 年到 1990 年实现国民生产总值比 1980 年翻一番，解决人民的温饱问题；第二步目标，1991 年到 20 世纪末，国民生产总值再增长一倍，人民生活达到小康水平；第三步目标，到 21 世纪中叶，人均国民共产总值达到中等发达国家水平，人民生活比较富裕，基本实现现代化。根据党的十三大精神，在之后的几次会议中，为今后高等教育事业的发展提出了新的发展模式，这些基本的教育理论都是为了加快高等教育改革的步伐，坚定不移地跟随十三大会议的精神，加快民族院校向普通院校转型发展的进程。1989 年 6 月，是民族院校恢复和发展

① 于文明 . 中国公立高校多元利益主体生成与协调研究——构建现代大学制度的新视角[A]. 辽宁省哲学社会科学获奖成果汇编［2009—2010 年度］［C］.2013：10.

的关键时期，全部民族院校都得到了恢复和重建，尤其是在学科专业建设、学校资源配置等方面取得了显著进展。原有的文科、理科和民族学学科等专业都重新注入了新的生源，不再仅仅是由少数民族优秀学生干部组成，其中还容纳了来自全国各地的普通学生，并且对单一的传统文理专业进行了改造，发展了大量民族地区急需的应用型和新兴学科专业，使得民族学科专业得到充实发展。① 在党的十三大的影响下，民族院校的发展得到了明确的方向，找到了一条适合自身民族办学特色的新道路，加快了民族院校高等教育向前迈进的步伐。

（一）1976 年—1985 年，党委领导下的校长分工负责制

改革开放之后，1977 年恢复高考，我国的民族高等教育从此进入了恢复和发展的新时期，“文革”期间被撤销的民族院校得以恢复和重建。我国重新开始规划了民族院校的管理领导者，实行的是党委领导下的校长分工负责制，又一次准确地表明了校长的地位和作用，使民族高等教育的发展走上正轨。1978 年 10 月，教育部颁布《全国重点高等学校暂行工作条例》（试行草案），规定高等学校实行党委领导下的校长分工负责制，整个学院都是在党委的领导下开展工作，校长只是服从党委的安排，民族院校也在教育部下发的文件中开始实施这一民族院校管理政策。这一时期，我国社会处于动乱后的调整和恢复阶段，打倒“四人帮”，政治逐渐趋于稳定，整个社会开始恢复经济建设，全国教育工作才逐渐步入正轨。1978 年 10 月 9 日，经中共中央和国务院批准的教育部和国家民委《关于加强民族教育工作的意见》中强调，要逐步建立适合少数民族地区特点的民族教育体系。1978 年底，中共中央召开的十一届三中全会，经过指导思想上的拨乱反正，纠正了“左”倾错误，重新确立了马克思主义的思想路线、政治路线和组织路线。② 在这么多关于民族高等教育政策的实施过

① 张强．贯彻落实《教育规划纲要》加快推进民族教育发展[J]．中国民族教育，2011(01)：4-5.

② 张立军．中华人民共和国民族高等教育体制变迁研究[D]．东北师范大学，2012.

程中，可以看出国家对民族院校的重视，一个民族院校是否有前途，院校的领导人和治理体系是极为重要的，当然在其中会展现出很多关于利益关系的现实问题。我国改革开放的实践证明：要取得改革成功，必须是民主取向的政治体制改革与市场取向的经济体制改革相结合。由计划经济体制向市场经济体制转轨是社会主义民主政治发展的强大动力，随着社会主义市场经济的逐步发展，政治体制向民主化过渡成为必然要求。从中共十三大提出的“建设高度民主、法制完备、富有效率、充满活力的社会主义政治体制”，到中共十四大提出的“为了和经济体制改革与经济发展相适应必须要按照民主化和法制化紧密结合的要求推进政治体制改革”，再到中国共产党十六届三中全会提出的“要使经济体制改革和政治体制改革相协调”“要积极稳妥地推进政治体制改革和要使广大社会主义民主健全社会主义法制”，我国政治体制改革与经济体制的改革相互配合，相互促进，相互融合，从计划经济体制高度集权化走向与市场经济体制相协调的民主化，具体表现为以下五个方面：政治分权化、政治民主化、政治法制化、政府机构精简化、行政效能化。① 因此又给民族院校的发展提供了一个崭新的思想，民主取向的政治体制改革和市场取向的经济体制改革相结合，使得民族院校不再仅仅是政治性的办学模式，而是找到一条适合民族院校自身发展的民主化道路。

（二）1985 年—1989 年，党委领导下的校长负责制和高校董事会的成立

之前所实行的党委领导下的校长分工负责制，或多或少都会存在一些弊端，它并没有给校长一些实质性的权力，校长在院校中所掌管的领域也不是很明确，因此，随着社会的发展，我国又重新实施了一系列新的政策，实行在党委领导下的校长负责制并在部分高校实行校长负责制的试点。《中

① 于文明. 中国公立高校多元利益主体生成与协调研究——构建现代大学制度的新视角[A]. 辽宁省哲学社会科学获奖成果汇编［2009—2010 年度］［C］.2013：10.

共中央关于教育体制改革的决定》中规定："学校逐步实行校长负责制，有条件的学校可以设立由校长主持的、人数不多的、有威信的校长委员会，作为审议机构。"其间，全国进行校长负责制试点工作的学校超过百所，少许民族院校也在其中。这一时期，是我国民族高校内部管理体制改革与发展的探索时期，教育部和国家民委为了提高现代学校管理的效能，1985年5月，国家在《关于教育体制改革的决定》中，明确提出了"学校逐步实行校长负责制"。它是一个以校长集权负责为核心内容的整体结构概念，主要是由四个基本要素组成：上级机关领导、校长全面负责、党支部监督保证和教职工民主管理。①在这些政策的执行下，一些民族高等院校开始实行"校长负责制"和"校长为首的党委会负责制"，对于高校领导人的具体职责安排，可以起到互相监督的作用，对大学的自主、自治和自由的发展可以起到很好的促进作用，还可以帮助政府减轻一些负担，在领导人员的带领下，民族院校的治理体系得到了更进一步的完善。在这一时期，两种高等院校管理体制相结合，可以更好地了解每种管理体制在高校中所实施的具体情况，以便为后来民族院校的管理体制带来合适的领导人群体。

改革开放以后，随着经济体制改革的深入开展，扩大高校办学自主权的呼声不断高涨，再加上1985年高校董事会制度重新进入中国大学的制度视野。两年后，汕头大学成立董事会，由此拉开了各高校建立董事会的序幕。高校建立董事会是我国高等教育改革的一个新探索，其目的在于完善高校内部治理结构，据2004年统计，全国已有200多所高校建立了校董会或相应组织，此后这一数字还在增加。②高校董事会进入我国高校治理结构是改善高校治理的现实需要，是推进政校分开，官办分离，落实和扩大学校办学自主的需要，它在一定程度上解决了当时高校的一些资金问题，但是由于在此阶段，高校董事会的成立还处于萌芽阶段，存在缺少法

① 张立军. 中华人民共和国民族高等教育办学体制60年历程[J]. 民族高等教育研究，2013，1(01)：85-92.

② 王宗正. 法人治理结构视域下的我国公立高校董事会[J]. 高等教育研究，2014，35(01)：32-37.

律的保护，职能得不到具体的实施等问题。民族院校董事会的出现，在一定程度上转变了之前政府高度集权的局面，使院校内部的体系更趋于完善。

（三）1989 年—1992 年，实行党委领导下的校长负责制

这一阶段，民族院校实施的是党委领导下的校长负责制，校长主要受国家委托，在党委领导和教职工民主参与下管理学校，对学校行政工作全面负责。自 1989 年以来，我国社会发展的整体步伐迅速加快，社会经济快速发展，社会主义市场经济体制逐步建立和完善，再加上人民的生活水平日渐提高，文化发展丰富多彩，教育改革此起彼伏。所以民族高等教育在高校党委和校长的领导下，不断进行着高等教育内部人事等各项机制的改革。[①]1992 年又颁布了《中国教育改革和发展纲要》，进一步明确提出高校内部实行党委领导下的校长负责制，真正意义上确立了学校内部的领导结构方式和校长的地位与权限，这种高校内部管理体制一直延续至今。

（四）“教授治校”与“校长治校”

高校学术权力是由学术活动本身的内在逻辑所决定的，在欧洲中世纪大学产生之时就形成了高校自身的学术权力。[②]学术权力有广义和狭义之分，广义是指在高校运行的过程中对事物进行学术判断的权力，学术判断指学术规划、人才引进、资源配置等等；狭义主要是指具有专业知识的教授、科研人员等对这种判断力产生直接的影响。学术权力一方面可以保障学术标准的彻底贯彻实施，另一方面可以保证学术人员的个人权益，在高校中形成崇尚学术的良好氛围，学术权力的良好运作有利于高等学校的管理。随着学术权力的过大，形成了“教授治校”的说法，教授是学术的权威表现。除此之外，在高校治理体系中还存在另一重要

---

① 张立军．中华人民共和国民族高等教育办学体制 60 年历程［J］．民族高等教育研究，2013，1（01）：85-92.

② 邢琪．高校管理权协调发展的基本思路［J］．首都经济贸易大学学报，2010（01）：111-114.

的权力，就是行政权力，它是一种职务权力，是靠国家法律、政府意志和规章制度获得的一种影响力，[①]具体来说，也就是我国历年来高校所实施的校长负责制，一直以来都是行政权力占主导地位，形成了"校长治校"的说法。教授是高校教学、科研等业务发展中的主体，是院校学术发展的核心，是人才培养的中坚力量，高校必须加强教授的学术权力和教育创新能力，才能提升民族院校的教育教学质量，才能使得在后期发展起来的民族院校跟上时代的要求，但是在具体发展过程中，形成了中国式的"教授治校"模式。具有中国特色的大学权力体系主要包括以党委为核心的政治权力，以校长为首的行政权力，以教授为主导的学术权力，但是在具体的实施过程中，行政方面的决策往往决定了高校中的学术问题，因此逐渐形成了行政权力强和学术权力相对弱的局面。在高校内部管理中，最常见的就是行政权力过多地参与到学术事务中去，导致学术权力发挥不出它应该具有的权力，得不到高校的重视，最终的原因在于大学内部的学术权力与行政权力的界限模糊，行政权力和学术权力常常交织在一起，造成分工不明、责任不清，导致行政权力与学术权力的相互越位。[②]教授自治的理想化管理模式难以实施，因此两者就产生了冲突，在现代大学制度建设的背景下，我们应该借鉴美国和英国的管理模式，建立第三方中间协调机制，使得学术权力和行政权力共同促进高校内部管理体制的平衡化发展。

二、1992年—1999年，民族院校的进一步发展

中华人民共和国成立以后，我国实行的是高度集中的计划经济体制，在当时的历史条件下，这一体制对社会经济的发展有极大的推动作用，同时也加快推进了工业化发展的重要作用，这是国家所预期的结果，然而，

① 陈义珊．学术权力主导：我国高等学校管理的未来走向[D]．开封：河南大学硕士学位论文，2004：71-72.

② 钟秉林．现代大学学术权力与行政权力的关系及其协调[J]．中国高等教育，2005(19)：3-5.

在具体的实施过程中，存在着排斥市场调节，利益导向这一缺陷，计划经济体制的弊端由此就显现出来了，严重地阻碍了当时经济的发展，但是自改革开放以来，我国用以市场为取向的经济体制改革启动社会转型，从党的十一届三中全会提出的“在计划体制的框架下，充分运用价值规律”，到党的十二届三中全会的“有计划的商品经济”；从党的十三大提出的“国家调控市场，市场引导企业”；党的十四大提出的建立社会主义市场经济体制，到党的十六届三中全会提出的进一步完善社会主义市场经济体制，[①]在这些重要的会议中，国家对我国经济体制的改革是极其重视，逐步用市场经济取代了计划经济，初步建立和完善了社会主义市场经济体制，因此民族院校也在社会主义市场经济体制的逐步完善下，一步一步找到了进一步向前发展的目标。把市场经济写在社会主义的旗帜上，是中国特色社会主义的鲜明特点，也体现了中国改革开放向前迈进的历史逻辑。

（一）关于民族教育工作的进一步完善

1992 年 3 月，国家教委和国家民委联合召开了第四次全国民族教育工作会议，总结交流了过去民族教育工作经验，特别是党的十一届三中全会以来民族教育改革的经验。在这次会议上制定的《全国民族教育发展与改革指导纲要》中指出：“民族学院在历史上为培养少数民族地区干部发挥了重要作用，在新形势下要继续努力办好民族教育，当前除了要重点办好具有中国少数民族特色的学科、专业和对少数民族干部进行培训，还要办好民族院校预科办学体系，提升民族院校的教育质量。”[②]在这一阶段，我国重在总结过去几十年里我国民族院校发展工作的经验，在此基础上，进一步明确了办好民族院校的办学任务和一系列措施，以此来推动民族院校的发展。为了适应民族院校在市场经济体制下的发展和社会现实情况的需要，国家民委在云南昆明和陕西咸阳先后召开了会议，这两次会议主要

① 于文明．中国公立高校多元利益主体生成与协调研究——构建现代大学制度的新视角［A］// 辽宁省哲学社会科学获奖成果汇编（2009—2010 年度）［C］.2013：10.

② 朱亚洲．市场取向的改革和民主取向的改革［J］．兰州学刊，1995（06）：36-39.

针对民族院校教育改革和发展问题进行了讨论。1994 年 11 月的昆明会议主要围绕“社会主义市场经济与民族学院的改革与发展”的主题讨论了民族院校在未来发展的具体问题，包括民族院校自身几十年的成绩和变化，在新时代的要求下民族院校的改革方向，等等。会议还着重强调了现阶段民族院校的发展仍然是传统的发展思路占主导地位，主要在专业课程设置、招生分配制度、人才培养、科学研究等许多方面都与市场经济体制不相符，针对相关问题，会议提出了要进一步加强改革力度，把人才培养作为民族院校最重要的工作任务，逐步建立起与市场经济相符合的院校治理体系，使得民族院校可以更快适应社会发展的节奏。1998 年 9 月的陕西咸阳会议进一步就如何办好民族院校进行了深入的讨论，国家在肯定了民族院校这些年办学取得的成绩的同时，也指出了民族院校存在的一些问题并且是急切需要解决的一系列问题，如依然受传统的办学模式的影响较严重；快速的办学模式与学科发展相对落实不相符合，呈脱节状态；民族院校科技产业比较薄弱；教育经费来源比较单一等问题。会议提出，民族院校要跟着国家的步伐走，突出民族院校办学的优势学科和特色学科；坚持民族院校治理体系的改革，为少数民族地区提供高素质、高水平的领导者和研究者，把提升教育质量放在突出地位，并且面向 21 世纪进一步考察民族院校的社会利益主体形成的历史轨迹。① 目前，民族院校在这些政策的指导下，争取提高民族院校的教育教学质量，以坚持为少数民族培养人才服务、为民族地区的经济、社会发展服务的办学思想，提升民族院校自身的发展水平。在民族院校治理体系进一步发展的过程中，民族院校已由政策性高校发展成普通高校，在市场经济体制下，民族院校的社会利益主体发生了质的变化，目前已形成地方政府、企事业单位、民间社团、社会公众、学生家长等多重社会利益主体，其中直接利益主体为学生家长、企事业单位等；重要利益主体为校友和财政拨款者等；间接利益主体为与学校有契约关系

① 蔡琼 . 中国民族院校发展中的文化转型［D］.. 武汉：华中科技大学博士学位论文，2006：59.

的当事人，如科研经费提供者、产学研合作者、贷款提供者等；边缘利益主体包括当地社区、民间社团和社会公众等。①

（二）学术权力与行政权力的协调

俗话说，“一山不能容二虎”，因此当一个组织内部同时存在两种强势权力的时候，两者之间发生冲突是在所难免的。在高等院校内部，学术管理与行政管理相互交错，与之相对应的学术权力与行政权力的冲突也存在于方方面面。在高校治理体系中，过于看重行政权力时，会导致行政权力过度影响学术权力，使其几乎没有学术自由的权力，在很大程度上会阻碍科研的创新和学术的进步；当过于看重学术权力时，容易导致形成教授主导行政权的格局，对行政权力容易构成一定的威胁。面对种种冲突，应该实施一些具体的方案去协调学术权力和行政权力。② 具体有以下几点措施：第一，不论是教授治校还是校长治校，都应该明确界定学术权力与行政权力的职责，清楚各自的职能，这样才能在各种学术、行政活动领域中，摆正自己的位置。第二，想要大力发展民族教育事业，就应该逐步提升学术权力，淡化行政权力，把更多的主动权交给学术、科研方面，只有这样才能使民族院校的教育事业更上一个台阶。第三，在民族院校中应该充分发挥现有的各种学术委员会的作用。当然再多的具体措施，都是为了民族院校治理体系更顺利地发展下去，只有协调好了两者的关系，对民族院校各方面的发展才是有益的。学术权力和行政权力是大学统一整体不可分割的重要部分，二者相辅相成共同服务于学校的整体目标。在民族院校内部的治理体系中，学术权力的存在确保了大学教学、科研的基本属性，行政权力的作用则在于协调大学内部各部门之间的相关利益关系，使之成为不可分割的整体，共同建立起集中与

① 贺永平，周鸿. 公办大学董事会治理制度建构研究［J］. 高等教育研究，2017，38（08）：105.

② 吴坚. 高校管理中学术权力与行政权力的协调［J］. 高等教育研究，2005（08）：33-37.

分散相结合的高校管理体制和运行机制。[①]学术权力和行政权力是民族院校内部治理体系中至关重要的一组利益关系，应该积极推动政府的职能转换，探索建立“服务型政府”，等等。只有处理好了它们两者之间的利益关系，才能建立起较为完善的民族院校治理体系，才能推动民族院校内部其他各个利益的向前发展。

（三）学生与教师的利益关系

自民族院校成立以来，就一直存在着学生与教师之间的利益关系。我国教学实践一直以来都受到社会本位思想的影响，教师和学生沦为实现社会需求的工具，在教学过程中，学生和教师都是被动发展的，没有展现出他们的主观能动性。这种发展模式背离了发展人的本真，教学是人为性的活动，要实现教学活动对人的发展，就必须尊重师生在教学活动中的正当利益，采取正确措施生成并实现师生的教学利益。因此，在教学活动过程中，可以更透彻地看清楚学生与教师之间的利益关系和利益规律，可以说，利益普遍存在于人类一切社会活动之中，本质上就是一种关系，是客体的存在和变化满足主体生存和发展需要的关系。教学利益具有主体性、发展性、整体性、阶段性、工具性和滞后性等特点。[②]在教学过程中，学生和教师的利益诉求并不冲突，教师是为了把学生教好，可以获得最直接的绩效奖励，可以得到上级的认可和赞许，到达某种程度，还可以获得更高的职称或者是一些权力的表征；学生最主要的就是可以从教师那里获取知识，来提升自己的内涵和为了以后能够实现自己的目标而努力奋斗。高校内部治理体系的这一利益相关主体，是相互促进、相互融合的过程，通过在教学中获取正当的利益，使得学生和教师的利益都可以达到最大化的平衡。

---

① 钟秉林，张斌贤，李子江．大学如何协调学术权力与行政权力［N］．中国教育报，2005-02-04.

② 刘伟．教学利益研究［D］．西南大学，2012.

三、办学自主权与转型发展中的民族院校

1985 年，国家出台了《中共中央关于教育体制改革的决定》，这是中共中央关于明确落实大学办学自主权的第一个决定。在整个社会转型时期，中国大学组织的“行政化”一直在扩散和强化，行政主导与行政垄断成为大学组织的特点。正如一位学者所说的，“大学的管理越来越像政府，大学的管理人员越来越像官员，大学的运行模式越来越像政府机构，进而不按照教育规律、人才成长和学术发展规律办事，用行政手段和思维来解决学术和教育问题”。① 虽然出台了相关的政策，但是由于各种环境因素的影响，大学的自主办学权并没有很好地付诸行动。从中华人民共和国成立到 1966 年，经过 17 年的时间所建构的高校行政化管理模式，再到现阶段社会转型期的高校行政化管理模式的维持状态，由此可见，政府一直都参与民族院校的发展过程，逐步导致大学失去办学自主权，一直都是政府的附属物。随着社会自身的不断转型和外界环境的不断变化，政府在高校依然发挥着极为重要的作用，导致大学原本的人才培养、科学研究、社会服务等职能得不到发挥，不能显现其自身的价值，那么大学就不能称之为大学。

第三节 创新发展（2000 年至今）

在民族院校新型发展阶段，随着新世纪发展的需求，我国实施了一系列的政策，国家贯彻与落实《国家中长期教育改革和发展规划纲要（2010—2020）》（以下简称《纲要》），成为各级各类开展教育工作的主线，它也是民族教育在新型发展阶段的主要工作主线。2010 年，在我国召开第五次民族教育工作会议后，各级各类民族院校结合民族当地的经济社会发展水平并根据民族教育事业发展实际情况，制定了相应的教育发展规划纲要，积极探索出了一条适合民族院校教育事业改革与发展的新思路、新方法和

① 郝瑜，周光礼．中国大学“去行政化”改革的制度困境及其破解［J］．现代大学教育，2012（03）：6-15+112.

新模式，开启了民族院校教育发展的新局面。随着当前民族院校教育事业优先发展战略地位的确立和民族院校教育治理现代化进程模式的开启，[①]民族院校本着优先发展的原则，使民族院校的治理体系走向现代化治理体系，从而进一步明确新型发展阶段民族院校改革发展的方向、目标和新的任务。在民族院校新型发展阶段，关于高校行政化的产生和学术权力与行政权力的失衡现象，《纲要》明确写道："推进政校分开管办分离。""探索建立符合学校特点的管理制度和配套政策，逐步取消实际存在的行政级别和行政化管理模式。""落实和扩大学校办学自主权。"[②]2000 年以后，民族院校进入了新型发展阶段，民族院校的治理体系依然在发生改变，在《纲要》的具体政策的实施下，民族院校也重新找到了一条新的思想道路、新的发展方式和新的民族院校办学模式。民族院校的治理体系和治理能力是民族院校的制度和对政策执行能力的一种集中体现， 二者相互影响、相辅相成。在新时代的要求下，为了建设有中国特色的社会主义民族学院，必须走向完善高校内部董事会体制、去行政化和现代化的国家治理体系道路，只有高等教育领先了，我们才可以在这条路上继续前行。

一、民族院校治理与"去行政化"

民族院校成立多年以来，院校内部一直都实行的是行政化管理，主要是科层制的管理体系。所谓的行政化管理的实质是否定大学以学术性发展独特性，把大学当作一种行政机构来管理，把学术方面的事务当作行政事务来管理，把学术权力和行政权力混为一谈，在这个发展过程中，就逐渐剥夺了大学学术自主发展的权力和高校的自主办学权，面对行政权力极为强势和学术权力极为薄弱的局面，学术人员的呼声越来越高。因此，我国逐渐把高校"去行政化"的局面推到风口浪尖，去行政化实质上就是在国

① 康翠萍，田恩舜，王磊 . 民族院校教育发展规划的实施困境及其对策——基于对国内多所民族院校的考察［J］. 中南民族大学学报（人文社会科学版），2016，36（03）：66-70.

② 孟芯纬，孙存昌 . 我国研究型大学组织结构的变革分析——基于"去行政化"视角［J］. 当代教育科学，2018（07）：72-77.

家环境的一些制约下改变旧制度、创造新制度的过程，真正实现学校的办学自主权。①去行政化也就意味着，公立高校也必将回归到一个法人的本位，在董事会确立相应的位置和建构一个有效的高校法人治理结构。在民族院校实现真正的高校办学自主，学术自由发展，使得学术权力与行政权力均衡发展，只有这样才能更有利于民族地区的教育发展，才能在一定程度上带动经济、文化的发展，才能达到我们最初创办民族院校的初衷。

二、高校董事会的发展

在中华人民共和国成立前，我国大学普遍采用的都是大学董事会制度；到中华人民共和国成立，大学董事会制度废除；改革开放之后，开始尝试建立董事会制度。大学董事会成立的最初目的是加强大学与社会之间的联系，通过董事会为大学筹集资金，发挥社会最大的力量去支持大学的发展。在《纲要（2010—2020年》中提出大学如果要建立理事会、董事会等形式的法人治理结构，就必须处理好各个相关利益主体的关系。董事会制度的建立会给高校管理体系带来一些优势：一是董事会制度有助于形成新的政府与大学的关系，可以对两者的利益冲突问题进行调和，要求政府参与到大学决策中，以一个参与者的身份，而不是上级的身份对大学进行命令和直接管理。二是董事会制度的成立，可以使更多的学术人员参与到高校内部的管理体制中，保证学术权力在一定程度上可以得到有效的发挥。三是董事会制度通过吸收校外人士参与大学管理，对学术权力和行政权力起到缓冲的作用，由此来协调高校内部不同群体之间的利益。②董事会制度的实施，是现代大学制度的重要标志，也是大学与社会之间建立合作关系的纽带和桥梁。在新型的民族院校内部管理体系中，其内部院校的事情不仅仅是由内部成员说了算。在社会各界人士的参与中，对于民族院校的内部

---

① 郝瑜，周光礼．中国大学“去行政化”改革的制度困境及其破解［J］．现代大学教育，2012（03）：6-15+112.

② 贺永平．公办大学董事会治理制度建构研究［D］．重庆：西南大学博士学位论文，2012：51-52.

治理是许多企事业单位共同智慧的结晶，这一特性随着新时代的需求，逐渐成为现代大学制度的共性，而且董事会的介入，在一定程度上也保障了民族院校的治理体系可以更快适应社会的发展。

三、民族院校治理现代化

2013 年 11 月，党的十八届三中全会提出“推进国家治理体系和治理能力现代化”的理念，实现国家治理体系和治理能力现代化，关键在于治理主体，重点在于现代化，具体来说，是实现具有中国特色社会主义民族院校的现代化发展，此外，在特定时代下，高校培养人才的职能不仅决定了要在国家治理体系和治理能力现代化中承担先行者角色，而且决定了其在与政府、社会的关系处理和初等教育、中等教育、职业教育等方面具有不同的特性，作为国家治理体系和治理能力现代化推进的基石，我们应该大力支持发展高等教育事业。[①] 在新型的发展阶段，推进民族院校治理体系的现代化进程，关键是遵循“依法办学、自主管理、民主监督、社会参与”的原则，建构“党委领导、校长治校、教授治学、民主管理”的现代化大学制度，厘清各个相关利益主体的利益关系，要理顺高校内部各个相关者的利益关系，就是要各个相关者齐心协力，共同健全一套完善的高校治理体系，促进高校共同完善高校治理体系，使高校内部各个阶层都可以通过治理体制的完善引领高校治理方向，并依法开展高校治理工作，教授和政府都可以在高校内部行使自身的权力。在民族院校构建现代大学的制度中，我们可以看到不管是民族院校治理体系的外部结构政府和高校的关系，还是院校治理体系的内部结构社会大众和高校的关系，企事业单位和高校的关系，以及教职工、学生和高校的关系等，都呈现了一种新的模式，换句话说，就是具有中国特色社会主义民族院校现代化治理方式可以促进民族院校治理体系向前发展。

---

① 孙战伟 . 新常态下高校治理体系和治理能力现代化：意义、难点和路径［J］. 常州信息职业技术学院学报，2017，16（03）：1–4.

党的十八大的召开，提出了经济发展新常态的策略方针，重新让我们认识和判断了我国未来高等教育的发展趋势，要求高校必须主动去适应市场竞争，主动去接触行业需求，以便高校更能优化调整人才培养结构和人才培养模式，在高校中应该加强创新创业教育知识能力，在一定程度上应该引导学生主动去创造知识、接收知识，需要在各自的领域中有所作为，而不是无为。其次，高等教育必须适应国家创新驱动发展战略，对高校的发展必须有合理的定位，教学质量也是为内涵式发展的，高等教育正在向大众化、普及化迈进，在经济发展的“新常态”下，较为主要的就是要协调好民族院校内部治理体系结构和外部治理体系结构之间所存在的一些利益相关问题。① 在我国新时代的要求和市场经济体制的导向下，我国高校逐渐摆脱了政府的控制，同时也为了构建全球化的教育理念，在借鉴国外的办学模式基础上根据本国国情，争取创建一流的大学和一流的学科，在这些理念的转变中，一定要划清高校办学的自主权和政府管理权的界限，这样高校才能真正地实现自身的办学自主的权力。根据我国新时代的基本国情，民族院校只能坚定不移地向具有中国特色社会主义的办学方向前进。

民族院校治理结构的现代化主要体现在两个方面：一是在办学制度上，坚持以党委领导下的校长负责制为核心的中国特色社会主义现代化大学制度；二是在服务方向上，高校一直承担着人才培养、科学研究和社会服务的基本使命，将自身的基本使命与中国基本国情相结合，为建设中国特色社会主义事业服务，为民族地区的经济、政治、文化等服务。在现代化治理结构体系下，我们每一个人都应该尽自己最大的努力，使民族院校在适应本国国情的情况下，构建具有中国特色的民族院校。协调发展一直以来都是高校治理现代化持续发展的内在要求，高校治理现代化要从教育事业发展的总体布局出发，必须正确处理协调发展中的一些重大的关系，来积极推动高校自身内部治理体系与外部治理体系相互协调发展。② 着重强调

① 孙战伟．新常态下高校治理体系和治理能力现代化：意义、难点和路径［J］．常州信息职业技术学院学报，2017，16（03）：1-4.

② 孙杰．与时俱进推进中国特色高校治理现代化［J］．中国高等教育，2016（17）：45-47.

的是，任何事物不管外部环境如何变化，它的变革和发展必须遵循自身的发展规律，因此，民族院校在发展过程中，必须从自身实际情况出发，充分挖掘校内校外对其发展有利的资源，使这些资源达到合理化、协调化的发展。民族院校还应该全面深化综合改革，加快制度创新的步伐，在一定程度上，争取使大学的四大职能得到有效的实施，以此来不断激发人才的学术创造力，提升人才培养质量。民族院校只有把它本真的职能落到实处，才能建构具有中国特色的社会主义民族院校治理体系，才能合理配置高等学校的政治权力、行政权力与学术权力，建立中国特色社会主义高等学校的内部管理体制。高校制度建设的现代化要以高等教育内涵式发展为导向，以完善大学治理结构为核心，重点在于体制机制建设，基础是依法治校。① 可以看出，民族院校治理体系要达到规范化程度，会涉及关于民族教育政策、民族教育理论、民族教育实践、民族教育法律等等多个层面较为复杂的问题。民族院校治理体系的发展，是一个渐进的过程，不仅需要民族院校自身的不懈努力，更有赖于民族院校的公共治理体系的完善。综上所述，民族院校建设现代大学制度，不仅是观念上的转变，还涉及一系列制度的完善和一些权力的独立性，要合理配置政治权力、行政权力、学术权力者三者之间的关系，使其相互监督、相互制约，彻底消除行政权力独大局面。当然，实现高校治理能力现代化的目标，无疑是当前形势下高校面临的一项重要任务，也是加强我国高等教育改革的重要内容之一。

回顾我国民族院校治理体系这几十年来的曲折发展历程，从民族院校最初几十年的行政化的管理模式到去行政化、高校董事会管理体制的加入，再到现代化治理体系的建立，民族院校治理体系的发展也是与时俱进的。在民族院校治理体系发展的历史长河中，我们深切地体会到：中国共产党的民族教育政策是民族院校治理体系逐渐形成和发展的有力保证 ，民族院校的发展始终是以经济建设和人才培养、科学研究、民族文化传承和社会发展服务为民族学院创办的宗旨。在党的各个会议中，国家一直以来在民

① 孙杰 . 与时俱进推进中国特色高校治理现代化［J］. 中国高等教育，2016（17）：45–47.

族院校的治理体系形成过程中都遵循“平等、团结、互助、和谐”的民族政策基本原则，建立新型的民族关系，坚持各族人民共同繁荣发展，共同团结奋斗的新的民族教育事业发展的方针的同时，响应新时代的号召，矢志不渝地坚持民族院校向普通院校的转型发展，使民族教育可以和普通高校的教育质量和教学水平持平，主动地、积极地适应经济发展新常态，加大改革步伐，在新时代的发展过程中，建立起具有中国特色的社会主义现代化民族院校治理体系，在新形势下继往开来、开拓进取，为实现中华民族伟大复兴和“两个一百年”的奋斗目标做出应有的贡献。

第四章　不同社会利益群体对民族院校的利益诉求及其实现现状调查

第一节　影响民族院校治理的不同社会利益群体的构成类型

作为我国公立高校的一个重要组成部分，民族院校是为了解决民族问题，改变少数民族发展面临的困境应运而生的，是中国共产党解决国内民族问题和发展民族教育事业的一项伟大创举。《国家民委、教育部关于进一步办好民族院校的意见》（民委〔2005〕240号）指出："民族院校是党和国家为解决我国民族问题而建立的综合性普通高等学校，是培养少数民族高素质人才的重要基地，是研究我国民族理论和民族政策的重要基地，是传承和弘扬各民族优秀文化的重要基地，是展示我国民族政策和对外交往的重要窗口。"[①]习近平总书记在2014年中央民族工作会议上的重要讲话，深刻阐述了当前和今后一个时期民族工作的大政方针，做出了一系列新决策、新部署、新要求，是做好新形势下民族工作的纲领性文件。民族院校

① 国家民委、教育部．国家民委教育部关于进一步办好民族院校的意见［EB/OL］（2010-11-29）.http://fgc.gzmu.edu.cn/info/1021/1843.htm.

要结合自身实际率先垂范、突出特色、发挥优势，在推进中华民族大团结的伟大事业中发挥重要作用。从我国第一所民族学院——延安民族学院的诞生，经过70多年的发展，全国民族院校得到了长足的发展，已经初步建立起具有中国特色的民族高等教育体系，并成为我国高等教育一个重要分支。由于自然、历史、社会等多方面的原因，民族院校有其自身的发展特点和规律。伴随着市场经济体制的不断完善和高等教育体制改革的进一步深化，民族院校体现出公立高校的某些特征，正逐步转变为独立办学的、具有法人地位的实体，市场和社会的力量正逐渐成为公立高校中与政府力量并存的重要影响因素。①2014年3月4日，习近平总书记在参加全国政协十二届二次会议少数民族界委员组讨论时强调："当前，我国民族工作面临许多新情况新问题，需要进行深入调查研究。"党的十九大报告指出我国社会主要矛盾已经转化为人民日益增长的美好生活需要和不平衡不充分的发展之间的矛盾，党的十八大以来我国教育事业全面发展，中西部和农村教育明显加强。中国特色社会主义进入新时代，在新时代背景下，民族院校应担负起新的历史使命。民族院校的利益格局发生了根本性的变化，过去在计划经济体制下以培养少数民族干部为宗旨的利益垄断格局，被以学校本身的利益代表、社会需求的利益代表以及个人发展的利益代表等多元利益主体并存的格局所取代。

在市场经济体制下，参与民族院校治理的各利益主体逐渐从国家和高校的依附中解脱出来，获得了相对独立的人格和政治利益、经济利益，都依据自身的成本效益做出选择，以独立的姿态参与民族院校的运行，并以自身的价值判断影响我国民族院校的改革与发展。②事实上，在研究影响民族院校治理的不同社会利益群体的构成类型从"单一"走向"多元"的过程中，首先需要弄清楚的是市场经济体制下多元利益主体在参与民族院

① 于文明.中国公立高校多元利益主体生成与协调研究——构建现代大学制度的新视角[M].北京：高等教育出版社，2007：12.

② 于文明.中国公立高校多元利益主体生成与协调研究——构建现代大学制度的新视角[M].北京：高等教育出版社，2007：12.

校治理过程中的行为动机和行为目的，这也是研究不同社会利益群体对民族院校的利益诉求的逻辑起点。在这里我们把民族院校作为一个抽象的客体，把能影响其运行和发展的人或组织作为参与治理的利益主体，根据德国青年黑格尔派代表人物施蒂纳的“利己主义”学说，他认为：自保、自爱是包括人在内的一切事物的本性，一个人自呱呱坠地的那一刻起，就力图从混乱的世界中找出自己、获得自己、保卫自己。[①]因此每一个利益主体在参与民族院校治理过程中都带有鲜明的“利己主义”和“自我实现”的色彩，基于此，按照主体的主观利益诉求以及利益主体行为动机和行为目的的归属层次不同，可将影响民族院校治理的不同社会利益群体分成学校外部利益需求主体和学校内部利益需求主体，具体来说可分成三大类：社会需求的利益代表、学校本身的利益代表、个人发展的利益代表。此外，民族院校治理作为一项长期性、动态化的社会活动，参与主体呈多样化、多层次化，本书将择选其中最常见的参与主体，以利益分化和利益协调为切入点，采用归纳的方式，理清脉络。

一、社会利益主体

我们所讲的“社会利益”，一般是指在某一特定空间区域内，所有的个人与组织为了生存、享受和发展所需要的资源和条件。这里，“社会”是指某一特定的空间区域。[②]本书所指的社会利益是指，区别于高校内部各方利益主体，在学校以外的环境中，对高校治理产生影响的诸方对高校的利益诉求。换而言之，所谓“社会”即是与高校本身相对立的概念，只要参与主体处于学校的环境之外，我们即可认为，该主体属于社会主体，这种认定是针对主体范畴问题上理清内外、区分彼此、划定界限的概念设定。

为什么要将社会利益作为首要区分的概念，这是因为民族院校与普通

---

① 施蒂纳.唯一者及其所有物［M］.北京：商务印书馆，1997：2015-115.

② 陈庆云，刘小康，曾军荣.论公共管理中的社会利益［J］.中国行政管理，2005（9）：77-79.

公立院校之间既有联系又存在区别。公立院校（Public Universities），指以国家政府或地方政府资助创立维持的大学，区别于以民间资本为主的私立大学。公立院校是中国建设世界一流大学的主阵地，关乎整个高等教育发展的规模、速度、效益和质量。

从国情来看，我国民族院校基本属于公立院校，但又不能等同于一般的公立院校。这不是一个“白马非马”的诡辩，而是由服务于“双少”国情与社会情况的特殊使命决定的。民族院校作为中国高等教育的一种独特办学形式，在坚持为少数民族和民族地区服务的服务面向定位的前提下，其办学功能定位、人才培养定位、科学研究定位、办学层次定位等都具有与公立院校相区别的特殊性。民族院校在近 70 年的办学历程中，不仅取得了巨大的办学成就，而且确立了在中国高等教育系统中不可替代的地位。这种不可替代性主要体现在以下方面：第一，民族院校独特政治功能的不可替代性。正如有的学者所认为的：民族学院的设立主要是基于国家的政治需要和解决民族问题的立场考虑的，具有重大而深远的政治意义。[①] 中国共产党一贯坚持马克思主义的民族政策，把民族平等和民族团结作为解决我国民族问题的根本政策。为保障和实现中国少数民族的平等权利，既要在人力、物力、财力等方面大力支援少数民族，帮助少数民族发展经济文化，使后进民族逐步赶上先进民族，逐步消除各民族之间经济文化发展水平的差距，更要注重培养少数民族和民族地区的各类专门人才，为少数民族和民族地区的现代化建设服务。第二，民族院校文化功能的不可替代性。大学本身就是一个传承和创新文化的场所。民族院校文化功能的不可替代性主要体现在继承和发掘弘扬民族文化，促进一体多元中华文化的融合具有独特优势。第三，民族院校人才培养功能的不可替代性。人才培养是高等学校的基本职能之一，许多大学依靠在长期的办学实践中所形成的在某方面人才培养上特有的优势，奠定自己在高等教育系统中的地位。民族院校在办学实践中坚持高等教育普遍规律与民族高等教育特殊规律的有

① 王军. 文化传承与教育选择［M］. 北京：民族出版社，2002：18-35.

机结合，在少数民族人才培养方面形成了独特的优势。这表现在以下几方面：其一，民族院校有利于培养少数民族大学生的民族认同感和国家认同感。其二，民族院校独特的育人环境更有利于少数民族大学生的成人成材。其三，独特的课程设置和校园文化活动，使少数民族大学生有更强的振兴民族地区的使命感和更好地在民族地区工作的适应性。其四，民族院校科学研究功能的不可替代性。首先，民族院校设置了一系列民族学科、专业，专门培养民族学的高级人才。其次，民族院校普遍建立了民族问题的研究机构并招收相关的民族学研究生，已经逐渐在形成合理的研究梯队，并且在国内外取得很多研究成果。综上所述，对于民族院校的界定使我们在主体的甄选上与分析上将会与一般公立院校有所差异。

一般来看，处于学校环境之外的学校治理主体大致可分为政府、用人单位、合作办学者、社会群众等，这与一般高校的划分别无二致，其差别主要体现在下一层级。

政府层级中，一般的划分将“政府”界定为“政府在高等教育学科范畴内一般是指代表国家出资举办中国公立高校并依法行使管理权的中央和地方各级政府”。但民族院校的特殊性要求我们将主体进一步明确为统筹建立民族院校的政府、民族院校所在地区的政府以及少数民族生源地政府。前者是从纵向上划分，后两者是从空间地域分布上进行划分。我国多数民族院校都为国办民族院校或公立民族院校，其投资主体是国家和各级政府，经费主要来源于国家财政性拨款，学校资产的所有权、使用权和管理权属于国家和地方政府。[①] 由于我国民族地区经济状况较为落后，发展民族高等教育的任务十分艰巨。这就从一定意义上决定了民族院校的办学主体应以政府为主，只有主要依靠国家财政，才能保证经济贫困地区少数民族群众接受高等教育的机会。

用人单位是学校外部利益主体参与民族院校治理的典型代表。其中用

---

① 欧以克．民族院校办学主体多元化的思考［J］．贵州民族学院学报（哲学社会科学版），2005（3）．

人单位可以划分为少数民族地方的用人单位和招录少数民族用工的用人单位。前者是以空间的归属为依据，后者是以人的归属为依据。考虑到我国国情和民族院校学生实际就业流向，随着社会主义市场经济体制的逐步建立，人事和教育制度改革的进一步深化，回到民族地区就业的毕业生越来越少，尤以非边疆少数民族学生最为明显。这就使得少数民族地方用人单位在参与民族院校治理过程中利益诉求的主动性较弱。再者，随着民族院校学生在就业时，不再像以往过多考虑返回生源地进行就业，而是注重选择适合自身条件的非生源地工作，从此现象可以说明当前用人单位在参与民族院校治理时的利益诉求与非民族普通公立院校的利益诉求的差异性逐步缩小。

合作办学者主要是指合作主体与公立高校双方形成合意，与高校进行优势互换或者是谋求利益的社会主体，其追求目标非常明显，主要在于获取他方优势资源促进自身发育，或者是利用他方资源获取直接收益，是明显的利己性利益诉求主体，从学校方面来看，合作办学者的出现为高校的纯粹化与去行政化提供了契机，一方面，合作办学者拓宽了高校资金来往的手段与渠道；另一方面，合作办学为高校走出象牙塔的“舒适区”，去与社会更加广泛而深刻地接触提供了路径。

社会群众作为校外利益主体的主要构成部分，是民族院校治理过程中不可忽视的外部力量，它能为民族院校的治理营造一个良好的社会环境。在这里基于参与民族院校治理的社会群众与普通公立院校治理的社会群众进行差异性比较后，参与民族院校治理的社会群众主要指少数民族社会群众。少数民族社会群众的利益诉求对民族院校治理来说起着原则性、指导性、方向性的作用。民族院校的发展首先要考虑社会群众的切实需要，一切变革都必须以符合社会群众的利益诉求为目标。

二、学校内部利益主体

学校内部的利益主体主要是指，该主体参与的学校管理是直接发生在学校之内的，其中主要包括学生群体、学生家长群体、以教师为代表的教职工群体，以书记、校（院）长为代表的校（院）级学校管理者群体[①]以及高校本身。其中家长群体虽置身于高校环境之外，但从实际国情来看，学生和家长的利益诉求具有一致性，身份具有关联性，管理的参与方式相互间具有协同性和相互渗透性，若割裂地看待家长与学生所处的利益归属，无疑会打破学生高校管理参与行为与参与手段的认知，造成分析的偏颇。家庭教育是子女接受的第一教育，父母是孩子的第一任老师，因此，家长在子女健康成长过程中的关联性和重要性是不言而喻的。原生家庭在学生成长与发展的过程中扮演着不可替代的重要角色，家庭的氛围、习惯等将会对学生的性格养成与价值判断产生深远的影响。

与此同时，我们可以根据学校内部利益主体利益的指向不同，划分为个体利益的追求主体与复合型利益的追求主体。个体利益的追求主体主要集中在教职工群体、学生群体、家长群体中，其核心在于谋求个体的发展，无论是生存资源还是发展资源，利己性的资源攫取成为该团体的抽象的共性。

由于民族高校的特殊性，其学生和家长在利益选择过程中除了一般、普世的价值选择标准，更容易受到类似民族习惯、宗教风俗等方面的影响，进一步进行划分，大致可分为"双少"学生和家长、"非双少"学生和家长。

教职工群体在普通公立院校与民族院校的对比中，在利益诉求上并没有明显的差异，但在利益满足过程中会出现差异性。教职工群体的肯定性评价在一定程度上来源于教学成果。民族院校与普通高校相比，生源更加多样，学生差异性更加突出，矛盾更加复杂，民族院校的教职工群体在履行职责的过程中，想要实现履职的公正以及教育资源的平等配置，势必要在资源配给的"公平"和数量上与一般高等院校差异对待。

复合型利益的追求主体可分为高校本身和以书记、校（院）长为代表的校（院）级管理者群体。

前面我们将民族院校作为客体，来探究和归纳外部社会力量介入的

---

① 欧以克．民族院校办学主体多元化的思考［J］．贵州民族学院学报（哲学社会科学版），2005（3）．

利益诉求。其实，作为人们对大学的本质及其办学规律的一种哲学思考，大学自身赋有其办学理念，这种办学理念是构建大学现实机制的理论基础。它主要包括对大学的理性认识和理性追求两个方面。前者是对大学的含义、宗旨、使命等方面的认识，后者是对大学理想、信念、责任等方面的构想。大学理念旨在回答“大学应该是什么”“应该如何办大学”的核心问题。[①]在这里将民族院校赋予主体意识，认为民族院校在治理过程中也存在应然的利益诉求。高校自身的出现及发育是以《大学办学章程》为基础，以社会需求、社会矛盾、时代问题为自身意义，强调公共利益为出发点。但实际上，高校在诞生后，便形成了一个独立的利益集团，虽以公共利益的发展为己任，但其本身的发展与进步也将成为该集团的利益诉求。作为民族院校，其利益集团的复杂性不言而喻，它一方面承担起各高校均须承担的人才培养、科学研究、社会服务、文化传承创新、国际交流的重任，另一方面由于其“民族”的特殊性，使其成为主流文化与少数民族文化的桥梁与文化冲突调停者。一方面是国家社会层面人才技术的支持者，另一方面又是不同利益诉求，甚至是不同民族利益诉求集中的利益集团。

以书记、校（院）长为代表的校（院）级管理者群体本身就是多种身份的聚合。如果将其“人”的特质抽离，仅将管理者视作高校的组成部分和机关，其利益的诉求特性理所当然地继承高校本身的利益诉求特点。如果将职位与自然人混同，则将会不可避免地出现个人利益与岗位职责所代表的利益的混同，形成一种新的、混合的利益主体。

第二节　不同社会利益群体的利益诉求意愿

利益群体的区别是不同的利益群体产生了不同的利益诉求。

校外（社会）利益群体的利益诉求主要呈现社会化，即社会生活对民

① 杨胜才．中国民族院校办学理念研究［M］．北京：科学出版社，2013：125-139.

族高校的一般需求，可以分为两个层面：一个是以政府为主体的公共利益需求，一个是以企事业用人单位、校外合作办学者以及社会群众某一主体谋求发展的利益需求。

一、政府

公共利益是指在一定历史条件下，一定范围内，满足社会公共需要，维护社会稳定、和谐、发展，促进社会“公平”“平等”“正义”，从而实现“每个人全面而自由地发展”和“一切人的自由发展”的需要。[①]

政府作为当代公共利益的主要协调者和高等院校的出资举办人，其利益诉求本身即是公共利益，换而言之，政府资助举办高校可以认为是一种为实现公共利益的给付行为。公共利益的范畴很广，且时代性鲜明，政府作为掌控社会资源、管控资源流动的社会构成，正如“在社会变革中，新的社会需求往往通过政府的意志的方式得到集中、合法的表达”[②]所表述的那样，政府作为合法表达的机构，本身对于高校治理的权限和利益的诉求都具有正当性。

积极争取国家对民族院校的大投入是民族工作的一项重要内容。作为民族院校的出资举办人，1994年以来，国家民委根据全国高等教育发展的形势和民族高等教育的特殊要求，适时召开了多次重要会议，推动全国民族院校转变办学方向，同时积极争取国家将民族院校学生的生均事业费提高到8000元。到2010年，民族自治地方的普通高等学校本科生均教育经费支出都超过20000元，远高于全国生均17823元的水平。[③]

民族院校作为特殊的高等院校，政府在对其的利益诉求与一般高校既有相同之处也有不同之处。相同之处在于，政府需要高校承担的人才培育

---

① 张军．马克思主义公共需求理论及其当代发展［D］．合肥：安徽大学硕士学位论文，2012：13．

② 叶澜．当代中国教育变革的主体及其相互关系［J］．教育研究，2006（8）．

③ 教育部关于贯彻落实《中共中央国务院关于进一步加强民族工作加快少数民族和民族地区经济社会发展的决定》做好民族教育工作的通知（教民〔2015〕13号）．

职能，为社会经济发展而提供知识创新的科研职能以及社会服务职能。而不同在于，政府对民族院校的成立初衷并不是纯粹的高校职能，而是以少数民族同胞和少数民族地区的利益为考量而设置的，换而言之，民族院校所承担的利益诉求势必要以民族性作为其存在的基本因素。少数民族院校在成立之初，即是以少数民族学生和少数民族地区为指向，因而，培养少数民族人才，使培养出的少数民族人才能够很好地适应社会需求，促进该民族、少数民族地区、整个社会的进步，是接受国家经费的少数民族院校作为传承和教导知识的场所所不可推卸的责任。如何切合社会需求，在不同的历史条件下有不同的内涵，计划经济条件下的人才培养与市场经济下的人才培养是否一样；旧有的社会矛盾（人民群众日益增长的物质文化需求同落后的社会生产力之间的矛盾）与当下社会矛盾（人民群众对美好生活的需求同不平衡、不充分的发展间的矛盾）所需要的人才是否应当具备相同的素质。其次，少数民族院校不但应当为整个社会提供知识创新，还应当为少数民族地区发展提供因地制宜的智力支持。科技作为第一生产力，在高速发展的今天，越发凸显出科技的力量，民族院校作为指向“双少”的高等院校，承载了双少地区发展和振兴的希望，应当因地制宜地追寻“双少”地区科技的前沿，帮助和发展“双少”地区的文化与科技。

再者，发展民族教育，是促进各民族共同发展、共同繁荣的重要途径。①政府对民族院校还有更加广泛的社会责任的要求，当今社会各民族间的风俗习惯、生活水平尚且参差不齐，民粹意识抬头，许多不利于民族和谐与国家长治久安的言论屡屡甚嚣尘上，如何消弭民族矛盾，保障各民族能够充分而平等地享受社会发展成果，帮助少数民族同胞与少数民族地区树立正确的民族观念，日渐成为政府对民族高校的利益诉求。

最后，政府所在角度的不同会对民族院校的利益诉求有更进一步的要求。负责顶层设计的政府会对民族院校的筹建提出对民族院校核心的利益

① 罗布东村，陈玉屏.发展民族教育 为促进各民族共同繁荣而奋斗[J].西南民族大学学报（人文社科版），2001，22（6）.

诉求，但下级政府在利益诉求上是否与上级机关保持一致性值得商榷，每一级政府虽受到上级的垂直管辖，但同样需要为所在地区的相应人大负责，关于人大代表的代表性，我国现行法律并没有明确的表述。代表法的相关规定主要有第二条第三款关于“全国人民代表大会和地方各级人民代表大会代表，代表人民的利益和意志，依照宪法和法律赋予本级人民代表大会的各项职权，参加行使国家权力”的规定和第四十五条关于“代表应当采取多种方式经常听取人民群众对代表履职的意见，回答原选区选民或者原选举单位对代表工作和代表活动的询问，接受监督。由选民直接选举的代表应当以多种方式向原选区选民报告履职情况”的规定。

根据上述规定，窃以为人大代表的代表性就主要方面而言，是指“代表人民的利益”的属性。这一属性表明，人大代表虽然都来自特定的政党、阶级、阶层、界别或社会组织、职业群体等（以下统称特定群体），更了解或更便于了解、熟知其所属特定群体的情况、利益诉求，一般会更多反映该特定群体的利益或诉求，但人大代表并非其所属特定群体的代表，而是“人民”的代表。这里的“人民”，指的是“全体人民”，如全国人大代表“代表”的是全国人民，武汉市人大代表“代表”的是武汉市人民等，也就是说，人大代表“代表”的是其职务全域范围（全国范围、省范围、市范围等）包括其所属特定群体在内的“全体人民”，其代表性便是指代表这一全域范围“全体人民”的利益的属性。这就意味着，即使人大代表来自农民工，也不能认为其是“农民工的代表”，不能认为农民工的问题都应向来自农民工的代表反映，甚至认为只有来自农民工的代表才能代表农民工或其只能代表农民工。

对于少数民族地区政府来说，是由作为国家权力机关的少数民族地区人民代表大会产生，对它负责，受它监督。少数民族地区人大是少数民族地区人民行使国家权力的机关，少数民族地区政府是少数民族地区人大的执行机关。两者的目标都是为了反映和实现少数民族地区人民的根本利益，共同建设有中国特色的社会主义，推进少数民族地区的发展与繁荣。少数民族地区人大统一行使国家权力前提下，少数民族地区政府行使行政权，专司其职又互相配合、协调一致地开展工作。在此过程中，为当地的发展而产生的特异利益诉求也是应有之义，比较常见的是高校的地方保护主义，或是采用行政手段调控资源配给，从而引导高校做出该利益的供给。与此同时，我们应当正视政府的有限性，政府的运转依旧依靠人，人在现实生活中必然产生自己的利益诉求，因而我们必须承认政府利益需求中必然地存在非公共利益的瑕疵。在人类历史上的政治发展中我们可以看到有两种最基本的政治类型或两种政治运行的轨道：一种是人治政治的类型和运行轨道，另一种是法治政治的类型和运行轨道。人治政治的特点就是强调人的意志在政治过程中的作用，而忽略制度的作用。在人治政治中虽然也有法律和各种制度，但它们是从属于人的意志的，特别是从属于领袖人物的意志的。在人治政治中，人的意志往往通过权力表现出来。[①] 因此，针对此瑕疵，可以预设将会给民族院校的治理带来十分恶劣的影响。

二、企事业用人单位

企事业用人单位的概念十分宽泛，与之相对的劳动用工和人力资源是高校教育职能的出发点和落脚点，用人单位的利益诉求十分单纯，仅仅是要求高校培育的人才符合用人标准和要求，但也十分复杂，因为用人单位其地缘性、规模、企业文化、所属行业、岗位类型都对用人单位的人力资源需求类型有所影响。而民族院校所对应的用人单位的情况也会因“民族”的特殊性而产生差异化。我们可以将用人单位大致分为两种：一种是招录少数民族员工的用人单位，在高度市场化的今天，少数民族员工或民族院校培养出的人才是否具备与其他出身员工相同的胜任能力已经是现代用人单位利益诉求的落脚点和聚焦点；另一种是民族地区的用人单位，民族院校是否能够为该类用人单位提供足额的人力供给也成为当下该类需求供给的重要问题。

关于企事业单位对民族院校的利益诉求分析，其实可以换一个角度，

① 李景鹏．人治传统影响制度建设［J］．小康，2006（12）：32-33.

以当前民族院校毕业生就业难的现象作为研究点，探究其原因的同时找出企事业单位究竟在民族院校的治理过程中有哪些利益诉求。当前高校毕业生的就业情况与整个社会经济发展的状况息息相关。近年来，随着我国社会主义市场经济的发展和改革开放的深入，一方面，社会对人才的需求数量、层次结构、就业去向等提出了新的要求：一是对应用性专业的人才需求急剧增加，对基础性专业的人才需求相对减少。二是国家机关、事业单位，进行机构体制改革，大量机关工作人员分流出来重新安置，国有大中型企业也在实行减员增效，下岗分流，造成毕业生需求再次向地方和其他行业单位下移。另一方面，某些配套改革措施未能同步。如人事制度代理、档案关系代理以及如何规范毕业生就业市场，怎样打破行业壁垒和地方保护主义等，都有待进一步考虑和落实。以上这一社会大环境是影响目前毕业生就业难的主要原因。基于此，我们再来分析民族院校毕业生就业难的原因所在，除了上述原因，还表现在以下几点：第一，学校专业结构设置不合理，与当前社会实际需求不相适应。由于历史原因，民族院校在专业设置上普遍存在结构不合理的现象，具体表现在两个方面：一是文重理轻，行业特点不突出；二是基础性学科偏多，应用性专业较少。第二，民族院校毕业生在就业时表现出社会责任感和使命感下降，功利增强。民族院校是为民族地区培养和输送各级各类建设人才的主要基地之一，为此国家还对民族院校的学生，在招生录取、捐资助学等方面提供了许多优惠政策。因此民族院校的毕业生毕业后，选择民族地区就业，参加民族地区建设，振兴民族经济，既是民族院校的培养目标，也是民族大学生义不容辞的社会责任和使命。然而由于多种因素影响所致，尤其是在市场经济大潮冲击下，相当部分学生的功利意识增强，择业与社会实际需求严重脱节。[①]第三，很多民族院校的毕业生往往缺乏对基层的了解，尤其缺乏对广大民族地区社会经济建设情况的了解。当前的大学生都是从小囿于学校这个象牙塔中，

① 兰树林 . 论民族院校毕业生就业难之原因与对策［J］. 西南民族大学学报（哲学社会科学版），2001（2）：184-186.

社会阅历与社会实践不够，虽然民族院校学生很多都是来自基层或是民族地区，但他们对基层和民族地区的社会经济发展现状与前景普遍缺乏真正的了解。许多学生仅是模糊地了解民族地区贫穷落后、条件艰苦，而对它的发展前景、资源优势、人才需求等情况知之甚少。第四，个别民族地区的用人单位，人才储备意识淡薄与盲目追求人才高消费，也是阻碍民族院校毕业生就业的重要原因之一。

除此以外，中华人民共和国成立以来，我国高等教育发展迅猛。从在校生总规模来看，1949 年，全国在校生为 11.7 万，2015 年达到 3700 万，位居世界第一，与中华人民共和国成立时期相比，高等教育的规模增长超过 310 倍，增长速度世界第一。从高等教育毛入学率来看，1949 年是 0.26%，2015 年是 40%，高于全球平均水平。预计到 2019 年，将达到 50% 以上，进入高等教育普及化阶段。截至 2015 年，全国各类高校共 2852 所，位居世界第二。[①] 伴随着规模的扩张，高等教育正在从社会的边缘走向社会的中心，逐渐成为影响经济增长和社会发展的主要因素。在此大环境下，学历与就业倒挂的情况已经出现，所谓“学历倒挂”现象是指随着高校扩招与研究生报考热潮的流行，高校毕业生也出现“倒挂”情况，即学历高的不好找工作，学历不怎么高的，容易找工作。[②] 该问题的主要原因在于学生的技能和职业准备与用人单位的岗位匹配程度较低，课程设置重理论轻实践，不能更好地服务于用人单位。

基于民族院校毕业生就业难的归因分析，我们可以从中获取企事业单位的利益诉求。如前所述，企事业单位的利益诉求主要反映在对人才的需求上。进一步分析，笔者认为主要有以下几点：第一，对民族院校来说，须深化教学改革，调整专业结构，努力提高毕业生的质量。在市场经济条件下，决定毕业生竞争胜负的资本主要有两个：一是毕业生自

---

① 教育部 . 系列高等教育质量报告首次发布 .[EB/OL](2016-04-07).http://www.moe.gov.cn/jyb_xwfb/xw fbh/moe_2069/xwfbh_2016n/xwfb_160407/160407_sfcl/201604/t20160406_236891.html.

② 徐波礼 . 我国学历与就业倒挂问题研究［D］. 杭州：浙江工商大学硕士学位论文 .2017：31-35.

身的质量，二是能否满足社会的实际需要。两者缺一不可。因此学校教学应主动适应市场，按照社会需求的变化，适时调整专业结构，拓宽专业方向，更新教学内容与教学方法，补充社会发展急需的知识，以满足就业市场和用人单位的需要。第二，用人单位为了有效获得用工，需要民族院校加强学生的思想教育，转变就业观念，帮助毕业生树立正确的择业观。作为民族院校大学生尤其是少数民族学生首先应主动选择到民族地区去建功立业，在振兴民族经济，建设家乡的事业中实现自己的人生价值。其次，应加强学生的责任感教育。要使民族院校的大学生真正把职业选择与社会需要统一起来。第三，提高认识，加强指导，不断拓宽就业渠道，积极为毕业生和用人单位服务。随着国家教育体制改革的进一步深入，毕业生就业工作在学校的整体工作中的地位显得越来越重要，毕业生就业情况的好坏，直接关系到学校的生存与发展。因此，学校必须提高对毕业生就业工作的认识。要改变长期以来形成的学校“重招轻出”“招分脱节”等制约毕业生就业的因素，离开学校领导的重视和支持是不行的。民族院校由于自身特点和条件的限制，如学校行业不突出，不容易举办大型人才招聘会，民族地区需求信息不准确，受历史原因影响和学校宣传力度不够，许多用人单位不了解学校情况等因素的影响，有时使毕业生在就业市场上处于一种被动地位，直接影响了毕业生就业。要改变这种现象，除了加强就业指导，帮助学生搜集信息、筛选信息，还应传授必要的择业技巧和择业方法。

此外，民族地区的企业无论从自身发展还是从承担社会责任的角度出发，要积极参与民族院校的人才培养过程。为培养高素质的少数民族人才提供实习和实践的场所。并要加强同民族院校的科研合作，以促进民族地区企业创新。应当看到，民族院校的发展离不开企业的支持，民族院校的研究成果也要更好地服务于企业。2006 年，甘孜、阿坝和凉山人才需求分别为 1629 人、960 人和 8025 人，其中乡镇级企业单位分别为 1629 人、950 人、6427 人，分别占 3 个民族自治州人才需求量的 100%、99% 和 80%。人才需求首先以教育人才为主，占人才需求量的 48%；其次是乡镇农技、农机、林业、牧业、渔业和水利等行业的人才，占人才需求量的30%；最后是卫生服务业的人才，占人才需求量的17%。从专业需求看，理科、工科和文史哲人才需求较多，分别占人才需求量的38.7%、22.7%和15.8%。民族院校的人才培养要适应民族地区人才需求的这种变化，适当实施“订单式”人才培养。[①]

毕业生就业工作是一项复杂的系统工程。它与整个国家的经济发展与政策制度紧密相连。要彻底解决民族院校毕业生就业难的问题，满足企事业用人单位对于民族院校的利益诉求，最终还要依赖于社会经济的发展和有关政策的落实。通过发展与改革，社会建立起长期、稳定、有序的人才市场，给毕业生提供广阔的就业渠道，使他们有更多的机会参与公平竞争，从而有目标、有方向地选择适合自己的职业。[②]

三、合作办学者

社会中谋求发展的利益需求主体主要是社会中的合作办学者与企事业用人单位，这两者都是从利己的利益诉求出发，追求在高校管理中能够促进自身的发展。应该说，参与民族院校治理的合作办学者和企事业用人单位与一般公立院校一致相同。但由于民族院校自身办学定位和办学理念的特殊性，国家所赋予其独特的历史使命与民族院校办学中所遇到的实际问题，决定了社会利益群体在参与民族院校治理时的利益诉求与限制因素也会与一般公立院校有所差别。

合作办学者主要是指合作主体与公立高校双方形成合意，拟定合同，双方按照合同，履行义务，获取收益。根据合同主体、交易资源的不同，交易目的的不同，投资类型复杂，[③]合同的具体内容千差万别，但其投资

---

① 陈达云．在实现民族区域发展中促进民族院校管理创新［J］．中央民族大学学报（哲学社会科学版），2007（4）．

② 兰树林．论民族院校毕业生就业难之原因与对策［J］．西南民族大学学报（哲学社会科学版），2001（2）．

③ 刘亚荣．我国普通高等教育与投资体制改革过程的动态分析［J］．教育研究，2002（8）．

的本质决定该类合同一般为有偿合同、诺成合同。目前来看，高校常见的合作主体为：一是金融贷款机构。金融贷款机构通过融资租赁、融资、集资手段盘活资金，实现资金的充分利用，进而实现资本的再增值。二是智力成果服务公司。智力成果服务公司通过多渠道多方式的合作，建立长期共赢的盈利机制，实现智力成果和资金的双向流动，建立资本与"知本"的优势互补机制，既使企业得到高校的智力支持，又使学校的学生得到更多的实践机会。当前，知识经济正在全球范围内迅速崛起。知识经济是建立在知识的生产、扩散和应用基础之上的新的经济形态，其显著特点就在于信息、知识等各种类型的智力资源取代工业经济的资本上升成为新的、决定性的终极资源和核心生产要素。进一步说，知识经济的核心竞争力最终在人才的培养与挖掘。而作为人才聚集地的高校来说，如何在利用好这一优势资源进行校企合作的同时，保证资源质量的持续性和长效性需要进一步思考。三是境外合作者，通过跨越国别进行交流与合作，充分吸收国际优势资源进行办学。但民族院校受制于成立初衷，绝大多数民族院校地处偏远，无论是从招商引资、智力成果的开发、其他民间资本的合作还是境外的合作，其自身都不具备明显的吸引力。大多都依靠政府的政策导向与强制分配挖掘合作者。该利益诉求体现为弱利益性、弱主动性、政治干预性。以民族院校的国际化进程为例，民族院校在推进教育国际化中存在众多阻碍因素。首先，我国民族院校国际化理念薄弱，参与教育国际化主动性不强，这在一定程度上直接决定了民族院校国际化资源的有限性。其次，我国民族院校的国际影响力普遍不高，国际化进程推动迟缓。一方面，我国民族院校的国际教育规模有限，加上我国少数民族文化相关专业的对外开放程度的限制，因此，我国民族院校现有的课程体系对留学生学历教育的适用度不高。另一方面，我国民族院校的国际合作与交流层次偏低，亟须进一步深化。再次，我国民族院校国际化路径单一，一般情况下，高校可以通过留学教育、外专引智以及合作办学等形式实现教育的国际化，民族院校亦是如此。但目前看来，我国民族院校的教育国际化路径相对单一，亟待开拓。以委属的六所民族院校为例，截至目前，只有中央民族大学和中南民族大学成功与国外高校合作成立了孔子学院，而留学教育、外专引智依旧是其他民族院校教育国际化的主要路径。[①]

以中南民族大学为例，该校近年来服务民族地区经济社会发展的能力不断增强。该校积极把握民族地区经济社会发展需求，通过技术开发、技术咨询、技术服务、技术转让等多种形式开展支持与合作，累计合同经费达5000余万元。部分科技成果在民族地区得到成功应用与推广，为产业升级和经济社会发展发挥了重要作用。其中覃瑞教授团队与6家武陵山区企业建立了产学研合作，仅长阳县任森农业公司由合作前2011年800多万的产值，增加到2013年2.3亿的产值，成为了国家高新技术企业，并成功在武汉产权交易市场上市；陈绍华博士组织申报的水库清漂等5个项目，争取到项目经费5300多万元，其主持的巴东山区生活垃圾污水处理工程项目向省发改委争取投资近1000万元；等等。

四、学生群体

校内利益群体的利益诉求，主要表现在其诉求指向都在民族高校内，分为学生群体、以教师为代表的教职工群体、学生家长群体。

学生群体作为大学管理最为核心的参与者，其自我利益的追逐具有合法性与合理性。

对于其合法性，学生的发展权、受教育权均来自《中华人民共和国宪法》《中华人民共和国高等教育法》（以下分别简称《宪法》《高等教育法》）的明文规定。《宪法》第四十六条规定：中华人民共和国公民有受教育的权利和义务，国家培养青年、少年、儿童在品德、智力、体质等方面全面发展。第四十七条规定：中华人民共和国公民有进行科学研究、文学艺术创作和其他文化活动的自由，国家对于从事教育、科学、技术、文学、艺术和其

① 付丽娜，张楠楠，杨丽莎．民族院校推进教育国际化的阻碍因素与对策［J］．当代经济，2016（34）：118-119.

他文化事业的公民，有益于人民的创造性工作的给予鼓励和帮助。《高等教育法》第五十三条规定：高等学校学生的合法权益受法律保护。

学生进入高校学习，其本身的利益诉求十分明显，首先是谋求自我素质的发展，也可称之为“完人”的发展，讲求的是一种纯然的精神利益和自我世界的拔高。比较具体的是为学术而学术的利益诉求，该种利益诉求在当代学生中比较罕见，但确实存在，他们追求的是一种纯粹的“理”或者“道”的世界的发现与获取。其次为满足个人求知欲而产生的利益需求，我们也可看作是纯然的学习的利益诉求。在 2005 年底国家民委下发的《国家民委、教育部关于进一步办好民族院校的意见》中明确指出：民族院校是培养少数民族高素质人才的重要基地，是研究民族经济理论、政策和文化的基地。民族院校要为少数民族和民族地区培养更多的合格人才，要使少数民族学生的比例保持在 65% ～ 70%。我国拥有众多少数民族，约有 1 亿少数民族人口聚居在边远地区或山区，生活于这些地区的人们，由于历史及环境等原因，文化传统与外族有较大的差异，所形成的心理差异较大。① 而且各民族内会形成各自的共同心理素质，这种民族共同心理素质是一个民族的社会经济、历史传统、生活方式以及地理环境的特点在该民族精神面貌上的反映。其特征为通过本民族的语言、文学艺术、社会风尚、生活风俗、宗教信仰以及对祖国和人民的热爱、对乡土的眷恋，表现出自己的爱好、兴趣、能力、气质、性格、情操和自豪感，具有稳定性、持久性和渐变性。② 民族院校由于收录的大量学生都来源于少数民族地方和少数民族，部分学生在纯精神领域方面本身便会因为其民族、宗教、信仰等方面有其独特的文化内蕴，受其民族或地域文化的感召，产生“皈依”，从而使学生所追求的“完人”与“求知”的取向与一般院校学生产生差异。在中央民族大学进行的有关调查显示，在 250 份调查问卷中，“能够意识到自己的民族成分”的有 185 人，占总人数的 74%，其中“经常意识到

① 邵二辉，张进辅．中国少数民族心理研究综述［J］．中南民族大学学报（人文社会科学版），2008（5）：58-61.

② 徐黎丽．关于民族心理学研究的几个问题［J］．民族研究，2002（6）：95-103.

自己的民族成分”的有 118 人，占总人数的 47.2%；在“本民族文化、习俗的保持”问题上，有 17 人选择“保持不变或尽量保持”，占总人数的 68%。[①] 另有调查显示，46.7% 的少数民族大学生认为“本民族是最优秀的民族”[②]。这些数据从另一个侧面反映了少数民族大学生对自己民族有强烈的自豪感和荣誉感。这种感情会使他们关注自己民族的语言、传统习俗、宗教等能否得到他人的尊重。

针对民族学院中少数民族学生这一群体的行为偏好，笔者进行了抽样访谈，访谈内容如下：

访谈对象 A：男，21 岁，维吾尔族，来自新疆

笔者（问）：目前在学校学习与生活中习惯吗?

访谈对象 A：生活上比较适应，但学习上还是有一些差距。

笔者（问）：具体差距在哪儿，能说一说吗?

访谈对象 A：首先，新疆学生在学习上语言是很难的一关，很多新疆少数民族学生在大学之前的汉语只能进行日常交流，汉语能力还不具备进行大学阶段的学习。所以大学跟着其他同学一起学习压力是很大的。其次，我们的文化课基础不是很好，上课的时候往往别人听得懂，但是我们听不懂。有的知识点别人以前高中就学过，但对于我们完全是第一次接触。所以，这就是学习上的差距。

笔者（问）：那你们课后会去向其他人请教那些听不懂的问题吗?

访谈对象 A：很少。一般新疆籍学生，尤其少数民族学生，还是比较喜欢把自己封闭起来，不愿向老师同学们敞开心扉。而且都比较内向。

访谈对象 B：女，19 岁，藏族，来自西藏

笔者（问）：家里面是否有其他的兄弟姐妹?

访谈对象 B：有一个妹妹和一个弟弟。

笔者（问）：你考上了大学对家里其他孩子有影响吗?

---

① 佘梓东，李劲松，中央民族大学学生民族观情况调查及对策研究［J］. 中央民族大学学报，2003（3）：26-31.

② 罗勇 . 少数民族大学生的民族观研究［J］. 贵阳师范高等专科学校学报，2004（1）.

访谈对象 B：当然有。首先是我的父母比以往更加重视弟弟妹妹的教育，其次弟弟妹妹们也想考到外面的大学，去感受一下外面的大学是什么样的。

笔者（问）：你来到大学学习的目的是什么？

访谈对象 B：以后毕业能找到一份好工作。

笔者（问）：对毕业以后的工作地有要求吗？

访谈对象 B：还是想回西藏吧。毕竟西藏的大学生在西藏自治区内还是很容易找到工作的。

笔者（问）：为什么？你们回西藏工作一般会选择哪些工作岗位呢？

访谈对象 B：在学习能力，学习基础上藏族学生还是比较弱的，这样在外面找工作不具备优势，但是回到西藏后，我们可以充分发挥自己在大学所学，为家乡建设贡献一份力量。如果要说有优势的话，西藏的学生通晓汉语和藏语，可以在很多问题上帮助到不会汉语的家乡人民。能够用外面的所见所闻，为家乡建设出谋划策。一般来说，我们会去考虑公务员或是事业单位居多。

访谈对象 C：男，22 岁，侗族，来自贵州

笔者（问）：你认为民族院校的学习生活有什么特点吗？

访谈对象 C：特点就是有很多少数民族学生，一个宿舍的同学在生活习俗上有很大的差异。

笔者（问）：对于你来说，你在生活中有哪些少数民族特有的习俗？

访谈对象 C：我觉得我在生活上其实没有什么与众不同，感觉跟在家没什么区别。

笔者（问）：对于你读大学，父母什么态度？

访谈对象 C：非常支持。我感觉现在我们家那边的父母对孩子的教育问题都非常重视，也非常支持他们离开家乡去外地求学。

笔者（问）：你能谈一谈民族院校针对少数民族学生有哪些特殊政策吗？你觉得这些政策好吗？

访谈对象 C：就以高考为例吧。我高考是加了 20 分进的大学，我们当

地甚至有加40分的。我觉得这对于我们来说是很好的一个优惠政策。由于贵州较为偏僻，经济发展较为落后，因此，师资相对缺乏，硬件设施也得不到完善。在这样的条件下参加高考是非常不利的，国家以这种加分的形式，让我们能够有机会进入大学求学，我个人非常感激。其次上学期间学校也会针对少数民族学生提供很多奖励政策，很多时候，在民族院校一些机会都会对少数民族学生有所倾斜。

原任中南民族大学党委书记陈达云曾指出：民族院校的服务对象是明确的，即以少数民族地区和少数民族为主。但是在这种看似明确的服务对象后，还存在许多需要民族院校深入调查了解和加深认识的问题。第一，民族院校多是招收多民族学生的院校，来自不同地区和不同环境的民族大学生，对学校提供的教育等服务的要求肯定有一定差异，这些差异主要存在于哪些方面？对学校教学管理等工作提出了哪些新要求？第二，即便是同一民族的大学生，也会因为来自不同地区、不同家庭背景而对学校的期待和要求不同，这对学校又将产生什么影响？可见，确定民族院校服务的对象，不仅是确定为什么人服务或主要为哪些少数民族服务的问题，更重要的是确定服务对象的真实需求，只有这样，民族院校才能根据这种需求制定针对性的战略和决策，真正满足社会需求。[①]

其次是功利性、职业发展性利益需求。功利性、职业发展性利益需求是学生在高校研读过程中，产生的物质利益和与现实生活紧密相关的利益诉求，谋求的是经济利益的改善与社会地位的提高。功利性的利益追求源于人类自我发展的天性需要。2013年5月14日，时任全国政协副主席的王正伟在视察中南民族大学时指出，“我们培养的学生必须做到学习上优秀、政治上过硬，成为少数民族的精英、民族地区发展的栋梁、民族团结的模范”，这对民族院校培养什么样的人提出了明确要求。从现实来看，学生的职业发展需要是学生选择高等教育的主要原因，学生进入高校就读，

① 陈达云．民族院校治理之道：论民族高等教育的改革与创新［M］．北京：科学出版社，2017：4.

选择有利于工作的专业，接受高等教育服务，使其在参与工作的时候能够在个人素质、通用技能和专业知识上与目标工作相互匹配，从而获取社会对其具有胜任能力的良性评价，进而能够谋求在职业、社会地位、经济实力等方面的良好发展。换而言之，高等教育在很多人眼中带有很强的“投资意味”，学生给付学费，获取知识的高等教育，实际上是学生为获得未来职业利益的投资，无论是给付的学费、上学花费的时间，还是其他的付出，都是未来生活的成本，因此，学生对于未来职业技能和资格的利益需求才会愈演愈烈。

追究其根本原因，主要有三点：一是自 20 世纪 90 年代高等教育开始自费以来，学生从受教育者转变为教育的“购买者”，无论是实际身份还是心态都出现了变化，从求学转变为上学，无论是学校还是专业都出现了经济化、资产化的趋向；同时知识的有价性与智力成果及其价值的保护日益高涨，使“知识分子”的外界认知与自我认知成为人力资源价值尺度的衡量标准，迫使学生及学校将高等教育职业化。

二是计划经济向市场经济的转变，使得整个社会出现了逐利的价值判断和风气。社会整体意识的转变并非朝夕，从时间进度上看，自改革开放以来，市场空前繁荣，人民对自我独立、财富利益、个人生活的追求日益高涨；另外，经过 40 年的改革开放，人民财富的汇聚与阶层划分的完成，使社会大多数阶层的人处于阶级固化与阶级失格的危险中。强大而强权的经济体的力量更多地可以干预社会，在显示资本力量的同时，也让社会民众观察到经济强权带来的无数便利，进而使得全民逐利成为现代社会不可忽视的现象。

三是高等教育的“普及”化倾向与由于信息技术发展造成的知识金字塔的坍塌，使得高等教育的知识传播功能逐渐受到轻视。高等教育原本属于甄选高端人才进行专精培养的一种手段，但在改革开放以后，受到市场化的影响，高等教育开始产业化。高等教育经历与其说是一种培育精英人才的象征，不如说是中国人口饱和情况下，挑选人力的底线手段，自此高等教育成为一种生活的“必需品”，社会上有言：“博硕多多益善，本科等等再看，大专不用理睬，中专一边待站。”正如“高等学校这个过去一直是选择少数学术精英的机构，现在还在起分配职业阶梯上的等级和社会结构中的位置的作用。随着年轻人对这种作用的认识，他们越来越希望获得高等教育，以使自己的社会地位得以提高。高校的这一作用是如此重要，以致无数青年人逐渐觉得上大学是一种责任”。① 所以说，学生在选择高等教育时，其利益驱动就在于要获取比不经历高等教育的人得到更优沃的生活。

功利性的利益需求同时表现在一般的校园生活中，学生除了获取所谓的职业准备利益，作为“消费者”，学生还给付学费，承担教育成本，通过购买的方式获取教育教学资源。作为教育教学利益交换的甲方，学生当然地对教育教学服务的质量的形式有所需求，而需求表达的途径即是获取影响学校教学管理与教育资源的配置权。换而言之，高校学生在经历高等教育时的利益诉求有二点：一是获取优质的教育资源、学科资源和发展资源。二是获取有效影响学校资源配给的途径。即获取学校活动中的决策参与权甚至是决策权，比如对课程、导师的选择。其作为消费者，应当可以获得其想要交换的“标的物”？或者说，在同等价位下，学生本能想要选择更优的产品。

五、学生家长群体

学生家长群体应该说是在校大学生校外直接接触最为频繁和亲密的群体，此外，原生家庭对学生的影响也是非常深刻的。大学生性格的塑造、自我意识的形成、价值选择的标准、面对人生和情感的态度等等，都与其原生家庭有着千丝万缕的深远联系。原生家庭是个体学习情感经验的最初场所，处于生命前期的个体人格和自我意识尚未形成，犹如一张白纸，一步步地进行着社会色彩的描绘，逐渐从生物意义上的“人”向社会意

① 陈伟．高等教育为谁服务——高等教育多元价值期待的类型划分［J］．湖南师范大学教育科学学报，2005（4）：71-74.

义上的人转变。[①] 中国青年报社社会调查中心曾对 2000 人进行的一项调查显示，受访者从原生家庭中主要继承的是生活习惯（79.6%）、价值观（56.2%）和待人接物方式（53.1%）。心理咨询专家曾指出，许多成年人的某些心理、认知问题都是由原生家庭的教养方式、家庭关系、氛围和环境造就的。但原生家庭对人们所造成的潜移默化的影响，并不是所有人都能够意识到的。

对于原生家庭中主要利益主体学生家长来说，其对民族高校的利益诉求在某种程度上与学生的利益诉求具有一致性和关联性。具体而言，学生家长对民族院校的利益诉求往往是对子女在校所获得的教育资源的一种希冀。如前所述，他们希望通过“购买—交换”的方式，让子女获取民族院校优质的教学和管理。作为民族院校的学生家长在对学校所提供的“服务”中的利益诉求与普通公立院校也会有所差异。民族院校学生家长的利益诉求会带有“民族性”的特质。具体来说，主要体现在民族院校人才培养目标、办学质量、学生心理素养调适等方面。

首先，从民族院校的人才培养目标来看，学生家长群体的利益诉求在于学校能够立足于为少数民族和民族地区服务的办学宗旨，从民族地区改革开放和现代化建设对各类人才的巨大需求中找准自己的办学方向和定位，采取多种措施提高教学质量，坚持因材施教等灵活的教学办法，全校上下应树立人人为学生成才服务的意识，在遵循教育规律的同时又主动寻求适应人才市场需求的新机制。其次，民族院校应该坚持“两个面向、两种服务”的人才培养目标。“两个面向、两种服务”是指面向少数民族和少数民族地区，为少数民族和少数民族地区服务。具体而言：第一，民族院校培养的人才应该具有坚定的政治信念、献身民族团结事业的奉献精神和高度的责任感。这也是民族院校培养人才的重要政治任务。只有坚定的政治信念，才能保证民族院校培养的人才能够坚持社会主义方向不动摇，

① 卢婧，曹莉莉．混沌理论视角下原生家庭影响力探析［J］，齐齐哈尔大学学报（哲学社会科学版），2011（1）．

坚持民族团结，维护祖国团结统一。献身民族事业的奉献精神则是培养民族院校人才勇于在工作中战胜一切困难的品质，我国少数民族和民族地区的条件与我国其他地区相比，相对更为艰苦，没有吃苦耐劳的精神就不可能战胜困难，更不可能为少数民族和民族地区做出贡献。高度的责任感能保证民族院校培养的人才锐意进取，不断创新，对工作没有高度的责任感是不可能刻苦钻研的，也就不可能做出优异的成绩。[①] 第二，民族院校培养的人才应适应少数民族和民族地区经济社会发展需求。这就要求民族院校在制订人才培养目标时，既要符合高等教育培养德智体美的高素质人才，也要适应民族地区社会、经济建设发展的需要，培养一大批求真务实，且有创新精神和实践能力的应用型、复合型人才。例如，针对当前少数民族地区的社会发展，经济结构的实际情况，民族院校在制订人才培养目标时，应该以少数民族和民族地区发展亟须的人才需求方向为依据，来设定人才培养的类型。第三，民族院校培养的人才应当有助于弘扬我国少数民族悠久灿烂的文化。文化是国家软实力的根本保障。民族院校有责任继承、弘扬、发展和传播少数民族优秀传统文化，此外，民族院校应重点培养一批整理、开发少数民族文化的人才，为我国少数民族文化大放异彩提供人才支持。

家长作为子女上学的直接“出资人”，他们对学校的另外一个重要的利益诉求就是民族院校的办学质量。这直接关系到他们的“投资”是否能够得到对等的“回报”。民族院校办学质量的成败直接反映在其教学质量上，随着我国民族高等教育规模的不断扩大，民族院校的教育质量，特别是教学质量问题越来越受到家长群体乃至整个社会的广泛关注。因此，民族院校在发展过程中必须处理好规模与质量的关系，牢固树立“人才培养质量是民族高校事业发展的生命线”的办学理念。在全球化、信息化和网络化的时代背景下，如何根据民族高等院校的特色，建立适合民族高等院校人才培养质量提高的教学质量监控体系，是一个重要的理论和现实问题。

① 李磊，冯玺，李杰．民族本科院校人才培养目标、模式和方法的研究与实践［J］．学习月刊，2010（24）：12-14.

最后，大学生在校时的心理素养的发展与调适也是家长群体所关注的。家长群体在此方面的利益诉求在于民族院校需要在对大学生的心理特征有一个总体了解的基础上，对学生的心理问题应给予高度重视。高校应采取积极有效的引导策略，帮助在校学生在远离家庭的环境下进行心理素养的调适。民族院校对于学生的心理引导主要有以下方面：第一，引导学生尊重民族传统文化，弘扬民族精神，加强爱国主义教育。少数民族大学生由于长期受本民族文化和心理的熏陶感染，热爱自己的民族和文化，这种情感与对家乡父老的骨肉亲情交融在一起，成了他们重要的精神支柱，形成了强烈的民族自尊心。这种强烈的民族自尊心是一种可贵的民族凝聚力，但是，过分的盲目自尊会使一部分少数民族大学生陷入狭隘的民族主义之中，不仅影响学校正常工作的运行，而且不利于民族之间的团结。为此，民族院校必须加强引导学生爱国主义和民族政策教育。第二，深化教育改革，培养少数民族大学生的创新能力。由于我国民族地区大多处于偏远地区，经济、文化教育发展相对滞后，培养具有创新意识、创新精神、创新能力的少数民族大学生显得尤为重要。而这一目标的具体落实，主要体现在调整专业结构、改革课程内容和教学方法上。进一步而言，根据目前民族地区各少数民族生产、生活实际，应对专业进行改造，拓宽专业面，增强应用性，课程内容要充分反映民族地区自然资源和经济、文化发展的特点。教学方法上，要根据少数民族大学生的认知特点，例如，文化基础薄弱、知识水平参差不齐及民族性不同的情况，采用和实施不同的教学方法。第三，关注心理健康，注重少数民族大学生良好心理素质的培养。民族地区的学生一般求学离家较远，作为家长希望学校能够对其子女加以身心的保护和管理。因此，民族院校应该定期在学生中开展心理调查和心理测验，及时了解大学生的心理健康状况。第四，在后勤管理上，要体现“一切为学生服务”的原则，后勤工作人员要增强服务观念，学校要建立后勤工作的管理条例，以此约束员工。同时，要让学生参与管理，对后勤工作进行监督。总而言之，家长群体对民族院校的利益诉求，在于希望学校能够给予学生“家庭般”的关爱与教导。

六、以教师为代表的教职工群体

教职工作为高等教育管理的主体之一，其利益的诉求具有两面性：一方面作为“人”的群体集合，对物质生活的利益诉求是相同的，无论是薪酬福利、办公环境，还是制度压力、发展渠道，对美好生活的向往总是相似的，尤其是市场经济迅猛发展的今天，教职工团体被经济与市场的洪流裹挟，马洛斯需求层次理论中第二层次的资源所有性、财产所有性、工作职位保障的冲突在当今社会更加尖锐，教职工在这种情况下对物质利益有更加迫切的需求无可厚非。更兼受到市场经济的影响，用工形式更加多元化，教职工团体本身由教师、教育职员、教学辅助人员、工勤人员的划分将被进一步细化，劳务派遣、劳动合同使教职员工的身份归属从根本上发生了变化，由此引发的归属感隔断、同工不同酬等问题纷至沓来，教职工团体内部成分变得更加复杂，利益诉求变得更加多元。

就用工形式的不同来说，学校作为传统意义上的“体制内”单位，一般采用编制管理和薪酬待遇公开公示的方法，但在高度市场化、商业化的今天，高校在用人手段和方式上采取了向市场其他主体学习的方式，将灵活多样的其他就业形势纳入总的人力资源挖掘体系，但与一般营业性主体采用的 HC 人事资源管理和“密薪制”不同，高校在给付薪酬时会将不同用工形式带来的福利待遇的差异赤裸裸地展现于人前，这就造就了不同用工形式教职工间利益的分布不均，而“同工不同酬”带来的影响，使“同工同酬”日渐成为集中在高校教职工间的普适的利益诉求。

评聘分离制度的诞生将原本就已经按照身份分门别类的物质利益诉求，在时间维度上进一步增加了分类参考项，使得原本就已纷繁复杂的利益诉求，一切两段，更添一倍。

民族院校教职工的特殊利益诉求主要在于，其主体的权利和义务是在同普通院校进行对比时得出的差异化利益诉求。与一般公立高校相比，民族院校在管理主体、研究方向上必然地存在差异。一方面，民族院校的成立具有政策导向性，是为了帮助少数民族和少数民族地方能够享受到社会发展红利，而特别设立的，在设立之初，便承认了民族高校有“弥差”“发展”两个教育职能，而作为教育职能落地实施的具体承担者，民族高校的教职工普遍承载着更多的教育教学和协调帮扶的压力，在这种民族院校教职工的劳动强度和复杂性都高于行业平均水平的情况下，获得并不具有明显优势的薪酬待遇是否有失公平值得考量，民族院校教职工有高于一般高等教育机构任职人员的薪酬也是正常的利益诉求。另一方面，高校作为全额拨款单位，其发育的好坏在很大程度上仰赖于国家对该单位的重视程度和资金支持，民族院校的教职工群体的利益被绑定在民族院校之上。因此，高校获得更多的重视，分得财政拨款这块蛋糕的更大份额，也是教师的利益诉求，归根结底，民族政策相关问题研究的重要程度，切实关系着少数民族院校教职工的利益。

精神层面的利益诉求在整个教职工圈子因为其物质利益的满足程度不同，而呈现差异化。根据马洛斯需求理论的认知，当前阶段的需求被满足后，后阶段的需求才会产生激励作用，尊重的需要与自我实现的需要，甚至自我超越的需要势必建立在生理、安全、归属的需要的满足程度之上。前阶段的利益满足差异，势必会造成精神利益诉求的差异。同时精神层面的利益诉求也因主体所在的社会位阶、实际环境的不同而不同，高校教职工本身内部复杂，且位阶各异，本书不做过多分类和赘述，仅在该问题上探讨普适的人力需求。人作为一切社会关系的总和，其最抽象和普适的精神利益的需求应该是利益主体在社会活动中，他人对与其缔结的社会关系的认可以及他本身对这个社会关系的认可。换而言之，高校教职工需要获得外界对其职业的认可，或者说对其所代表的身份的良性评价；同时也需要获得自身对于自我定位与自我发展认知的肯定。民族高等院校的教职工囿于“民族”二字，在现代社会认知评价中，由于民族高校的职责的特殊性，使民族高校的教育教学水平和方向比较容易沦落为社会其他个体“后进”“偏门”的刻板印象，教职工对于自身收获该类标签必然是不乐意的，因此民族院校办学、科研水平的普遍社会认可，是民族类院校教职工的精神利益诉求。

另一方面作为其职业性，其利益诉求具有利他性。如果我们将教职工的身份纯粹化，那么该身份的诞生的来源将是其天然的利益诉求。高等院校的产生是基于人才培养、科学研究与创新、社会服务、文化传承、国际交流与合作的社会需求，教职工作为高校职能的实际承担者，其诉求与高校职能保持一致。作为少数民族院校的教职工，完成培养少数民族人才，支援少数民族发展，开展少数民族文化与社会科研，服务少数民族地区及当地社会，促进少数民族间的文化融合，也是民族院校教职工的本职利益诉求。在此前提下，需要民族院校开创富有特色的教师教学工作。如中南民族大学教师教学发展工作起步较早，于2012年获批为国家级教师教学发展示范中心。在职能特色层面上，设定具有民族院校特色的中心建设计划，确立服务民族地方院校的目标，形成具有民族院校特色的教师教学能力提升模块，满足民族院校教师群体对自身职业发展的需求。

七、以书记、校（院）长为代表的校（院）级学校管理者群体

民族院校的管理者群体主要是指少数民族院校的实际管理者。针对这一群体，我们将其区分为两个层面：一个层面是指抽离出“人”的概念，而作为民族院校管理机关、有权机关；另一个层面是指，肩负管理职能的自然人。

一般来说，所谓的校级管理者，我们可以看作由上级党委和教育行政主管部门任免，并根据《高等教育法》以及其他相关法律、法规所规定的，自主行使学校权利，承担相应责任的人。如将其称之为机关，则我们可以认为其生成来源有二点：一是法律规定，二是行政机关的任命。从这方面来看，管理群体本身是两个利益集团的代表：一是法律所表达的统治阶级意志的代表，一是任命机关的代表。作为一个代表机关，其本身须为所代表的利益负责，即其所代表的集团的利益需求。部分著作将这种关系称之为“委托”，窃以为这种称谓是不恰当的。“委托”一词虽然也有校领导为社会、政府利益之服务的意思，但委托关系本身是指两个独立主体间的

相互关系，将政府授权与法律赋权看作是国家、社会、政府对高校机关的委托关系，在一定程度上将校级管理者的身份单独设立，即校级管理者是单独存在，割裂了其产生关系。校级领导的产生由权力部门的授权而来，回归于权力部门的需求中去，自各校领导的抽象职位存在之时，便已将其利益诉求捆绑在政府需求、社会需求、阶级需求、国家需求之上。简而言之，民族院校既然作为国家、社会、政府的利益代言人，以书记、校（院）长为代表的校（院）级管理者群体当然应当与其代表的利益集团的利益指向相一致——以服务公共利益为目标，为社会发展与公共利益的创造与协调提供优质的人力资源，传播与引领先进文化，创新知识、发展技术，促进经济发展和社会进步。

政府需求与社会需求的方面前文已有论述，便不再赘述，而阶级需求则与我国国体密切相关，是我国对民族院校利益诉求的重点。我国作为无产阶级政权国家，实行民主专政，其中少数民族政策是人民民主、各少数民族当家作主情况下诞生的重要组成部分。我们需要承认，人民内部存在矛盾与差异，其中民族间的差异便是作为人民内部矛盾而为现当代中国有限考量的重要方向。民族院校本身便有为该矛盾调节的天职，而作为管理民族院校的校领导干部，作为本阶级政权下，国家、政府利益的代表，帮助学校发挥民族院校职能，落实民族发展计划便是其阶级利益诉求和国家利益诉求的体现。

以书记、校（院）长为代表的校（院）级管理者群体除了作为职能部门、法人机关、职能承担单位，其“人”的性质也会产生利益诉求。我们将其人的利益诉求可以看作三个部分。

首先，管理者群体作为人，其本身必然产生于人的发展即个体发展的相关的利益诉求，该诉求与教职工群体的利益诉求在一定程度上出现重合，追求物质利益的现实渴望，希望获取丰厚的劳动回报与优沃的物质生活条件无可厚非，少数民族院校的校（院）级管理者群体作为民族院校的行政管理职能的承载者，面对的资源调节牵扯方更加多样。与一般部属、省属学校相比，少数民族院校的校（院）级管理者群体要面对兼顾的行政力量和社会力量更加多元化。一般来说，高校须面对的行政力量主要为教育部门和高校所直属的行政机关，而民族院校除了民族宗教委员会直属的民族院校，其余民族院校的行政力量管制则为教育部门、直属机关以及民族宗教委员会。同时，民族高校面对的学生群体和有可能出现的利益调节更加复杂，民族高校的校（院）级管理者群体无疑将承担更多的劳动职能。因此，民族院校的校（院）级管理者群体与教职工群体一样，对薪酬和物质福利有着高于一般院校待遇的利益诉求。

其次，管理者群体与教职工群体在一定程度上虽有人的重合，但由于其在不同角色下担任的职能不同而有所差异。一方面，作为管理者群体，其职能是资源的调配，而教职工则是对资源的创造与使用，二者在资源的处理角色上的差异，使得二者在面对民族院校资源的时候会有不同的利益诉求。教职工的资源创造也是基于原有资源获得的基础上，因此教职工对于高校资源的利益需求是能获得充沛的资源供给，即其生产资料和生活资料需求的充分满足，能够让其在生活无虞的基础上，创造出社会价值，并得到自我价值的认同和认可。而对于管理者而言，资源的优化配置是其主要的工作职责，如何能够使有限的资源创造更大的价值，使得资源的配给与供应能够充分优化，或者说使单位内的资源得到更充分的利用。综上所述，资源配给的最优选择是资源协调者即管理者的天职和利益诉求。另一方面，在高校管理中，部分管理者与教职工存在“两套牌子，一班人马”的情况，即一个人不但身兼教职员工的职能，同时又有管理者职能，在这种情况下，两种身份的兼任，容易造成二者职业利益诉求的混同，出现既当裁判又当选手的尴尬情况，很大程度上可能会出现利益诉求的失衡，进而在资源配给优化问题上出现风险点，简而言之，即因为利己的利益诉求，而偏废管理者职业本身的利益诉求。

当下为了防控行政权力泛化和学术权力弱化的倾向，应建立学术委员会制度，进行第三方监控，确保资源向学术流动，其考量有三点：第一是让有限的资源确实有效地支援学科建设与教育教学，防止高校管理人员为纯粹的个人利益谋取私利，简而言之即防范高校管理人群权力寻租。该考量主要是以人的利己性为考量，高校管理群体虽是公共利益的代表，但人生而为人，定有其本身利益思考，要求其利益选择上纯洁无瑕，窃以为并不具备期待可能性，因此设置以专业人、利益相关人为主要成员的第三方监督机构，可以有效防范风险。一方面学术委员会的组成人员，是该学科的学术牛耳，为其学术及学术团体的代表，本身有保障学术资源向学术流动的利益诉求，可以形成与权力寻租者利益的对抗；另一方面学术委员会的产生，拓宽了教职工参与高校管理的途径，在满足教职工表达利益的利益诉求之余，填补了纯行政人员的学术空白，防止专业资源的管理者不专业的尴尬场景。

第二是优化教育教学资源的配给，即让懂得学术的人去带领整体的学科建设，设置教育资源配给的门槛，帮助教育教学及科研的生产资料能够物尽其用，向有价值的学科建设项目流动，帮助高校管理者针砭资源流动的价值意义，为资源流动提供专业意见，调控由于资源分配而产生教职工团体内部矛盾，为资源流动和资源需求双向提供支持，保证资源在流通过程中的速率和科研的周期即成果生成的效率。

第三是使高校实际的管理群体来源多样化，防止由于管理者来源单一，而造成的权利的过度集中，进而造成资源倾斜的不公平和科研方向的同质化。倘若所有的高校管理者的来源单一，其本身代表的利益趋同，很容易导致该群体集团化和排异化，这对高校管理者群体的构建与高校本身都是不利的，“出则无敌国外患者，入则无法家拂士，国恒亡”，如果一个学术机构内只有一个声音，无疑是对学术生命力的损害。学术委员会制度的产生使高校资源管理分配的主体更加多样，其代表利益的多样性，可以在资源分配过程中形成有效的制衡，同时作为实际的管理者，学术委员会成员也当然算作管理者群体中的一员，这种你中有我，我中有你的形式，在丰富高校管理者成分的同时，也为资源分配提供了新想法、新手段、新智慧。然而也需要正视一个问题，学术委员会的构成人员来源仅以学术水平为界，其成员的身份本没有设置其他的排他性门槛，在这种情况下，如果有人集教职员工、高校管理者、学术委员会成员的身份于一体，其风险的防范值得思考。

再次，管理者群体有帮助高校发展的利益诉求，这个利益诉求的产生我们可以从三个方面来看：第一，高校的管理者群体在一定程度或者一定场合，是大学的代表机关，或者说是一般社会群体认知中的当然的代表机关，从社会认知角度上说，管理者的管理行为作为大学行为的实际承担者，本身就是向外界表达诉求的方式。比方说，校（院）级管理者群体向监管部门审批的费用预算，是为学校或者学院申请，同时也是为学校和学院的发展而申请的。第二，高校的利益诉求，是校（院）级管理者在获取管理身份时，被该身份的行政机关赋予的。校（院）级领导的身份来自上级行政机关的任命，简而言之，校（院）级领导来源于行政力量的生成，是行政力量为管理高校事务而对个体的一种权利赋予，是行政权为高校的经营管理而做出的行政行为，这种行为的动机或者说意识，即是为了谋求高校的进一步发展，进而能够更好地承担社会责任。因此校（院）级领导群体从身份获得之日起便拥有要为高校的利益进行工作劳动的天职。我们也可以把这种关系看作是一种社会契约——民族院校校（院）级领导群体以为院校工作为代价，获取了行政机关对其身份的赋予，因此从校（院）级领导群获取身份的同时，便负担了为高校发展的利益诉求。第三，民族院校本身是以书记、校（院）长为代表的校（院）级学校管理者群体谋求个人发展的平台。民族院校作为一个社会机构，其本身便承载了社会资源、社会认同、社会责任，作为民族院校的一分子，以书记、校（院）长为代表的校（院）级学校管理者群体所获得的社会资源、社会评价、所承担的社会责任与民族院校密不可分，民族院校作为校（院）级学校管理者群体社会身份的承载者、理想抱负的落实平台，与校（院）级学校管理者群体间形成了“皮之不存，毛将焉附”的关系。换句话说，以书记、校（院）长为代表的校（院）级学校管理者群体是以民族院校为基础和平台获得其身份、价值、生存资料的，促成平台的升级，有利于为校（院）级学校管理者群体的个人发展提供更加坚实的基础，有利于校（院）级学校管理者群体中的个体的进一步发展，简而言之，为民族院校发展的利益诉求与其本身发展的利益诉求具有一致性。

最后，以书记、校（院）长为代表的校（院）级学校管理者群体是民族院校内各利益集团的代表机关，为各种利益诉求代表，这是由校（院）级学校管理者群体职能带来的。一方面，校院级管理者作为学校的直接管理者，其职能之一就是为其下辖的各个团体谋取福利。就如学生团体关于教育资源或者是生活水平的相关诉求，首先是向学校提出，由校（院）级学校管理者群体展开对学生诉求的研判，并对研判结果进行公布，如涉及费用，将会按照研判结果向上级反映，或向外寻求资源支持。对学校教职工团体的利益诉求，比如说非在编人员的编制解决，学校各类工作人员的职称评定，各类薪酬福利的核定，各类教育教学资源的安排，都是通过所在的校（院）级学校管理者群体间进行流动，同时经由其争取或是审批，从而得到大家想要的利益。

另一方面，学校管理者是外部环境向大学利益诉求得以表达与实现的工具，换而言之，即以书记、校（院）长为代表的校（院）级学校管理者群体同时也是外部环境各利益主体向学校的利益代言，外部各利益主体的利益诉求，在一定情况下也会转换为以书记、校（院）长为代表的校（院）级学校管理者群体的利益诉求。首先，就政府而言，以书记、校（院）长为代表的校（院）级学校管理者群体作为其任免的对象，本身就希望借助该类人员达成对民族院校的实际管理与控制，换句话说，校（院）级学校管理者群体本身就是校外权力机关公权力对校内的延伸，校（院）级学校管理者群体当然得是其利益的代言人。其次，合作办学者与用人单位的利益需求，确实指向了学生与民族院校，但实际解决制度层面的问题的并不是问题所指向的对象，而是能够对指向对象进行改造或者起到影响作用的制度的拟定者，而校（院）级学校管理者群体作为校内的权力机关，对制度的产生、改造、消灭和闲置有着绝对的权力，在此情况下，如校（院）级学校管理者群体确实将这些主体的利益诉求纳入一个阶段乃至全部的教育教学计划，在这种情况，将代表了这类主体的利益诉求。最后，社会群众的利益诉求也是校（院）级学校管理者群体的利益诉求。因为社会群众的利益诉求本身就是判定大学性质、功能的重要指标，同时社会舆论等多方面因素本身也是校（院）级学校管理者群体作为高校代言人所必须考量和兼顾的问题。综上所述，校（院）级学校管理者群体是指向民族院校各利益的代言者，为各类利益与矛盾的调节负责。

八、民族院校

民族院校是党和国家为解决国内民族问题而建立的综合性普通高等学校，是培养少数民族高素质人才的重要基地，是研究我国民族理论和民族政策的重要基地，是传承和弘扬各民族优秀文化的重要基地，是展示我国民族政策和对外交往的重要窗口。它既是高校管理的主体，又是被管理行为管理的客体；既是各个利益主体寻求利益的媒介，又是实现利益诉求的渠道，针对民族院校的利益诉求研究，首先要明确其利益的复杂性。

民族院校是所有利益诉求主体利益指向的对象，一方面，学校外部主体对高校的利益诉求，首先指向的就是民族院校，无论是其中的师生，还是校（院）级管理者群体自身，都不直接承载外部利益诉求，都是以“民族院校”作为载体或是媒介，而为外界所联系，进而成为利益的代表方或实际的利益获得者。

第一，民族院校既是以国家、社会、民族就少数民族问题而带来的社会问题而特别成立的高等院校，民族院校与生俱来地就拥有为民族问题寻求解决之道的利益诉求，其具体职能也能明显地看出是为实现该利益而为之的主观能动的动作。无论是成为培养更高素质少数民族人才的基地，还是成为少数民族文化交往的窗口，民族院校都将国家赋予的少数民族发展和维护少数民族稳定的职责作为安身立命的基准点，因此，这也是少数民族院校的核心利益诉求。

第二，民族院校的发展离不开少数民族群体的需求。少数民族群体谋求自我发展与社会利益的共享也是民族院校存在的根基之一，围绕“民族院校的历史使命是否已经完成”这个问题，展开的数年来的大讨论，甚至曾经有“以经济建设为中心，少数民族和少数民族地区所需要的各种人才，民族地区高校及各地的普通高校完全可以培养，没有必要有民族院校培养”① 的观点也层出不穷，但是少数民族院校一直未被取缔，观其原因，是因为少数民族问题并没有得到根本的解决，少数民族院校承载着少数民族发展与少数民族教育的使命，是少数民族社会群众发展利益的代表者。

第三，民族院校是经济发展的时代利益的代表者。民族院校的产生本身便来自少数民族经济欠发达地区与其他地区存在差异的现实考量，因此其经济发展的利益诉求一直为民族院校所承载，成为其职责履行的利益需要。在中国特色社会主义进入新时代的背景下，民族院校诚然被赋予了更多的意义和价值，但对于经济发展的利益诉求并没有被民族院校所摒弃，相反，由于市场化、商业化的日渐提高，民族院校的经济责任愈加繁重，一方面需要考虑国家社会赋予它的时代使命，另一方面还须考虑学生的教育投资和职业准备利益的回报预期。

此外，民族院校也是利益诉求得以实现的渠道，代表着利益获取方的预期利益。从社会、国家对高校的财政拨款、经济协助、政策扶持，合作办学者对其的融资、投资，甚至更加广泛的企事业单位对其花样百出的援助外联，学生的择校、学费的缴付，教职工乃至校（院）级领导的加盟，都是希求以民族院校作为媒介，来实现自身的利益。因此我们可以认为，民族院校的利益诉求，实际上是社会上各个主体，对民族院校所获取的利益的集合，无论是从收获的口径，还是从集中反馈的口径看，都无不说明民族院校的利益诉求是作为一个利益诉求的集群。在不同时代下，利益主体以及利益主体的诉求都会根据时代的发展而嬗变，正如部分学者所言：“从更广的意义上来说，大学还应该在如何为社会创造公理、正义，谋求群体福祉以及为个人创造利益等方面有所作为，同时又要为平衡这三者之

① 谢启晃：办好民族学院，为少数民族和民族地区培养又红又专的社会主义建设者和接班人［J］.民族高等教育研究，1991（4）.

间的利益冲突贡献智慧和力量。”[①]，民族院校作为普通高等院校的一种，其身份又因“民族”二字而更加复杂多样，其利益诉求的集群性、复杂性毋庸置疑。

当然，民族院校的利益诉求虽在一般概念上是各利益主体的利益诉求的集合，但并不代表着，高校本身没有利益诉求。高校作为独立法人，其在身份上具有独立地位，虽在根本意义上以《大学办学章程》中载明的事项为其利益指向，但在实践过程中，民族院校确实表现出一定的独立于个体之外的利益诉求。这个诉求并不是“堂而皇之”的为国为民、为学生、为教育的利益诉求，而是高校自身对于自身发展的利益诉求。法人组织作为拟定人格，这种纯粹的求生、求发展的欲望与其代表机关成员为谋求个人发展而追求的平台晋升不同，这里的发展的诉求更多是一种由各个驳杂的，为各种谋求个体发展而需要民族院校生存和发展壮大的利益需求中抽离出来的，形成的一种群体无意识，聚合而成的一种民族院校发展壮大的意志。具体看来，民族院校一方面想要获取更多的社会资源，即整个社会为研究民族问题而做出的投资，民族院校这个聚合体从上而下都希望对这部分资源的吸纳与接收；另一方面民族院校作为根植于民族问题而产生的，其天然地希望民族问题能够获得更多的政治青睐和社会关注，进而为自己的发展奠定社会基础。综上所述，民族院校作为利益主体，不但是各个利益集团的集合体，也是社会上希望其自身发展的利益诉求的聚合体，无论是社会各群体的，还是其本身的都被吸纳在其利益诉求之中。

---

① 董云川.明确各自社会责任.构建理想和谐的现代大学制度[J].中国高等教育，2006(19.)

参考文献

中文文献

[1][美]阿什比.科技发达时代的大学教育[M].北京：人民教育出版社，1983.

[2][美]阿特巴赫.比较高等教育：知识、大学与发展[M].北京：人民教育出版社，2001.

[3][美]埃里克·霍布斯鲍姆，李金梅译.民族与民族主义[M].上海：上海人民出版社，2000.

[4][英]安东尼·D.斯密斯.全球化时代的民族与民族主义[M].龚维斌译，北京：中央编译出版社，2002.

[5][美]保罗·S.麦耶斯，知识管理与组织设计.珠海：珠海出版社，1998.

[6][美]伯顿·克拉克主编.高等教育新论——多学科的研究.杭州：浙江教育出版社，2001.

[7]蔡琼.中国民族院校发展中的文化转型[D].武汉：华中科技大学博士学位论文，2006.

[8][美]查尔斯·林德布洛姆.决策过程[M].竺乾威，胡君芳译.上海：上海译文出版社，1988.

[9] [美] 查尔斯·林德布洛姆 . 政治与市场：世界的政治—经济制度 [M] . 上海：上海三联书店、上海人民出版社，1991.
[10] 陈巴特尔 . 关于我国民族高等教育研究的思考 [J] . 江苏高教，2004（1）.
[11] 陈昌贵 . 公平与效率：我国高等教育的对策取向 [J] . 中山大学学报 .2003：3.
[12] 陈达云 . 少数民族大学生国家认同教育创新研究 [M] . 北京：民族出版社，2010.
[13] 陈达云 . 民族院校学科建设战略研究 [M] . 北京：人民出版社，2011.
[14] 陈达云 . 民族院校治理之道 [M] . 北京：科学出版社，2017.
[15] 陈辅逵 . 邓小平民族理论的形成与发展 [J] . 黑龙江民族丛刊，1999：3.
[16] 陈立鹏 . 关于我国大学章程几个重要问题的探讨 [J] . 中国高教研究，2008：7.
[17] 陈敏 . 我国大学章程价值的应然与实然研究 [J] . 黑龙江教育（高教研究与评估）.2010：10.
[18] 陈庆云 . 公共政策分析 [M] . 北京：中国经济出版社，1996.
[19] 陈伟 . 高等教育为谁服务——高等教育多元价值期待的类型划分 [J] . 湖南师范大学教育科学学报，2005：4.
[20] 陈学飞 . 中国高等教育研究 50 年 [M] . 北京：教育科学出版社，1999.
[21] 陈振明编著 . 公共政策分析 [M] . 北京：中国人民大学出版社，2002.
[22] 陈振明 . 政策科学 . 北京：中国人民大学出版社，1998.
[23] [美] 戴伊 . 自上而下的政策制定 [M] . 鞠方安，吴忧译 . 北京：中国人民大学出版社，2002.
[24] 《党的十九大报告学习辅导百问》编写组编著 . 党的十九大报告学

习辅导百问［C］. 北京：党建读物出版社：学习出版社，2017 .
［25］［美］范斯科德等 . 美国教育基础——社会展望［M］. 北京：教育科学出版社，1984.
［26］费孝通 . 乡土中国生育制度［M］. 北京大学出版社，1998.
［27］费孝通 . 费孝通文集 . 第五卷［M］. 北京：群言出版社，1999.
［28］冯大鸣 . 试论校长负责制的重构与再造［J］. 教育理论与实践，2003：1.
［29］龚放 . “211 工程建设”：中国高等教育发展的战略决策 . 南京理工大学学报，1998：1.
［30］顾明远主编 . 教育大辞典（3）［C］. 北京：人民出版社，1991.
［31］广西民族学院院史编辑委员会，广西民族学院院史［M］. 南宁：广西人民出版社，1991.
［32］国家计委、教育部、财政部 . 为科教兴国战略奠定坚实的基础——211 工程九五建设取得重大成效［N］. 中国教育报，2002-9- 3.
［33］国家民委教育司编 . 新时期民族教育工作手册［M］. 北京：中央民族学院出版社 .1991.
［34］国家统计局编 . 中国统计年鉴（1992 年）［C］. 北京：中国统计出版社，1992.
［35］国务院学位委员会办公室、教育部研究生工作办公室 . 学位与研究生教育工作文件选编［M］. 北京：高等教育出版社，1999.
［36］哈经雄 . 中国少数民族高等教育学［M］. 南宁：广西民族出版社，1991.
［37］郝瑜，周光礼 . 中国大学“去行政化”改革的制度困境及其破解［J］. 现代大学教育，2012：3.
［38］郝维谦 . 高等教育史［M］. 海口：海南出版社，2000.
［39］韩习祥，梁传杰等 . 湖北省学科建设战略发展研究［M］. 武汉：湖北人民出版社，2011.
［40］何东昌 . 中华人民共和国重要教育文献（1949—）［M］. 海口：海

南出版社，1998.

[41] 何东君.中华人民共和国改革开放30年年鉴[M].北京：新华出版社，2008.

[42]贺永平，周鸿.公办大学董事会治理制度建构研究[J].高等教育研究，2017：8.

[43] 胡炳仙.美国部落学院的治理结构[J].湖北师范学院学报，2013：11.

[44] 胡炳仙.国家重点学科建设对民族院校的影响及“破茧”路径[J].西南民族大学学报（人文社科版），2017：10.

[45] 胡炳仙.延安民族学院的发展及其对民族院校办学的影响[J].高等农业教育，2014：2.

[46] 胡炳仙.民族院校本科教学质量实证研究：基于N校教师工作满意度的调查[J].高等理科教育，2014：1.

[47] 胡炳仙.重点大学建设对一般高校发展的影响：制度规约与组织生存[M].北京：科学出版社，2018.

[48] 胡建华.现代中国大学制度的原点：50年代初期的大学改革[M].南京：南京师范大学出版社，2001.

[49] 胡伟.政府过程[M].杭州：浙江人民出版社，1998.

[50] 霍文达主编.中国少数民族高等教育改革与发展重大问题研究[M].广州：南海出版社，2005.

[51] 教育部编.邓小平教育理论学习纲要[M].北京：北京师范大学出版社，1998.

[52] 教育部学位管理与研究生教育司.中国学位与研究生教育大事记（2010）[C].学位与研究生教育，2011：7.

[53] 教育部政策法规司、教育部高等教育司.中国特色现代大学制度文件辑要[M].北京：外语教学与研究出版社，2014.

[54]邢琪.高校管理权协调发展的基本思路[J].首都经济贸易大学学报，2010：1.

[55][英]卡尔·波普尔.猜想与反驳:科学知识的增长[M].傅季重等译.上海:上海译文出版社,1986.
[56][美]卡尔·帕顿,大卫·沙维奇.政策分析和规划的初步方法[M].北京:华夏出版社,2001.
[57][美]克拉克·克尔.高等教育不能回避历史:21世纪的问题[M].王承绪译.杭州:浙江教育出版社,2001.
[58][美]克拉克.科尔.大学的功用[M].南昌:江西教育出版社.1993.
[59][德]柯武刚,史漫飞著.制度经济学:社会秩序与公共政策[M].韩朝华译.北京:商务印书馆,2000.
[60]康翠萍,田恩舜,王磊.民族院校教育发展规划的实施困境及其对策——基于对国内多所民族院校的考察[J].中南民族大学学报(人文社会科学版),2016:3.
[61]康晓光.权力的转移——转型时期中国权力格局的变迁[M].杭州:浙江人民出版社,1999.
[62]李福华.高等教育资源利用效率研究[M].北京:北京师范大学出版社,2002.
[63]李磊,冯玺,李杰.民族本科院校人才培养目标、模式和方法的研究与实践[J].学习月刊,2010:24.
[64]联合国教科文组织.反思教育:向"全球共同利益"的理念转变[M].北京:教育科学出版社,2017.
[65]林荣日.制度变迁中的权力博弈:以转型期中国高等教育制度为研究重点[M].上海:复旦大学出版社,2007.
[66]刘晖.高等教育发展的"中国模式"[M].北京:中国社会科学出版社,2013.
[67]刘复兴.教育政策的价值分析[M].北京:教育科学出版社,2003.
[68]刘红凛.党的现代化与国家现代化:历史的契合与现实的互动[J].上海行政学院学报,2011:5.
[69]卢婧,曹莉莉.混沌理论视角下原生家庭影响力探析[J].齐齐哈

尔大学学报（哲学社会科学版），2011：1.
［70］马陆亭．高等学校的分层与管理［M］．广州：广东教育出版社，2004.
［71］马存芳．文化和谐与青藏高原民族高等教育发展的问题研究［M］．西宁：青海民族出版社，2013.
［72］［英］迈克尔·夏托克．高等教育的结构和管理［M］．王义端译．上海：华东师范大学出版社，1987.
［73］［美］曼瑟尔·奥尔森．集体行动的逻辑［M］．上海：上海三联书店，1995.
［74］孟立军．论干部教育的“三次转型”对民族学院（大学）发展的影响［J］．民族高等教育研究，2014：3.
［75］［美］诺斯．经济史中的结构与变迁［M］．上海：上海人民出版社，1994.
［76］［美］诺斯．制度、制度变迁与经济绩效［M］．上海：上海三联书店，上海人民出版社，1996.
［77］潘懋元．中国高等教育百年［M］．广州：广东高等教育出版社，2003.
［78］钱理群，高远东．中国大学的问题与改革［M］．天津：天津人民出版社，2003.
［79］乔玉全．21 世纪美国高等教育［M］．北京：高等教育出版社，2000.
［80］［日］青木昌彦．什么是制度？我们如何理解制度？［J］．经济社会体制比较，2000：6.
［81］秦惠民，王名扬．我国高等教育评估制度演变的社会基础与制度逻辑——基于历史制度主义的分析［J］．中国高教研究，2015：10.
［82］邱世兵，顾海良，崔延强．中国民族院校转型发展研究［J］．高等教育研究，2016：10.
［83］［英］斯蒂芬·鲍尔．政治与教育政策制定——政策社会学探索［M］．王玉秋，孙益译．上海：华东师大出版社，2003.

[84] [美] 施蒂纳 . 唯一者及其所有物 [M] . 北京：商务印书馆，1997.
[85] 宋维强，廖媛红 . 大学竞争的政治学分析：以“985 工程为例” [J] . 高等教育研究，2004：6.
[86] 宋遂周 . 我国民族院校人才培养模式研究 [D] . 北京：中央民族大学博士学位论文，2010.
[87] 孙培青 . 中国教育史 [M] . 上海：华东师范大学出版社，2001.
[88] 孙战伟 . 新常态下高校治理体系和治理能力现代化：意义、难点和路径 [J] . 常州信息职业技术学院学报，2017：3.
[89] 孙杰 . 与时俱进推进中国特色高校治理现代化 [J] . 中国高等教育，2016：17.
[90] [美] 汤姆斯 · R. 戴伊 . 公共政策新论 [M] . 罗清俊，陈志玮译 . 台北：韦伯文化事业出版社，1999.
[91] 谭志松，李银慧 . 构建民族院校民族团结教育常态化机制 [J] . 中国民族教育，2016：10.
[92] 唐纪南，张京泽 . 中国民族院校发展史 [M] . 北京：中国社会科学出版社，2012.
[93] 田恩舜 . 离校未就业高校毕业生就业援助制度研究 [M] . 北京：科学出版社，2017.
[94] 王鉴 . 民族教育学 [M] . 兰州：甘肃教育出版社，2002.
[95] 王鉴，万明钢 . 多元文化教育比较研究 [M] . 北京：民族出版社，2006.
[96] 王连森 . 大学声誉形成机制与管理策略——基于利益相关者的分析 [J] . 现代大学教育，2007：5.
[97] 王小强，白南风 . 富饶的贫困 [M] . 成都：四川人民出版社，1986.
[98] 王义遒 . 多样化：我国高等教育大众化的关键 [J] 北京大学教育评论，2003：4.
[99] 王宗正 . 法人治理结构视域下的我国公立高校董事会 [J] . 高等教育研究，2014：1.

[100] 汪凤炎，郑红．中国文化心理学 [M]．广州：暨南大学出版社，2006.

[101] [美] 威廉·维尔斯曼．教育研究方法导论 [M]．袁振国等译．北京：教育科学出版社，1997.

[102] 魏姝．政策中的制度逻辑——美国高等教育政策的制度基础 [M]．南京：南京大学出版社，2007.

[103] 吴坚．高校管理中学术权力与行政权力的协调 [J]．高等教育研究，2005：8.

[104] 吴康宁．创新人才培养究竟需要什么样的大学 [J]．高等教育研究，2013：1.

[105] 吴康宁．教育改革的“中国问题” [M]．南京：南京师范大学出版社，2015.

[106] 吴仕民．中国民族教育 [M]．北京：长城出版社，2000.

[107] 西北民族学院校史编写委员会．西北民族学院校史 [M]．兰州：甘肃民族出版社，2000.

[108] 夏学銮．转型期的中国人 [M]．天津：天津人民出版社，2001.

[109] 谢启晃：办好民族学院，为少数民族和民族地区培养又红又专的社会主义建设者和接班人 [J]，民族高等教育研究，1991：4.

[110] 徐娟．我国弱势高校的发生机制研究 [D]．武汉：华中科技大学博士学位论文，2013.

[111] 徐辉．市场经济与中国高等教育体制问题 [M]．长沙：湖南教育出版社，1995.

[112] [美] 亚伯拉罕·弗莱克斯纳，现代大学论——美英德大学研究 [M]．徐辉，陈晓菲译．杭州：浙江教育出版社，2001.

[113] 徐书业．新中国民族教育政策演变的制度分析——基于历史制度主义的分析范式 [J]．教育研究与实验，2013：1.

[114] 徐同文．区域大学的使命 [M]．北京：教育科学出版社，2004.

[115] 阎凤桥．学术发展与功利主义 [J]．教育经济评论，2017：4.

［116］杨光斌 . 中国经济转型中的国家权力［M］. 北京：当代世界出版社，2003.
［117］姚佳胜 . 论大学治理的学生参与［J］. 黑龙江高教研究，2016：4.
［118］尹晓敏 . 利益相关者参与逻辑下的大学治理研究［M］. 杭州：浙江大学出版社，2010.
［119］俞可平 . 西方政治分析新方法论［M］. 北京：人民出版社，1988
［120］于文明. 试论中国公立高校多元利益主体的生成［J］. 沈阳师范大学学报（社会科学版），2009：5.
［121］于文明 . 中国公立高校多元利益主体生成与协调研究［M］. 北京：高等教育出版社，2008.
［122］余华 . 高校治理体系完善与治理能力提升探析［J］. 湖南师范大学教育科学学报，2015：3.
［123］袁瑞军 . 官僚自主性及其矫治：公共选择学派有关论点评价［J］. 经济社会体制比较，1999：5.
［124］袁振国 . 教育原理［M］. 上海：华东师范大学出版社，2001.
［125］翟学伟 . 人情、面子与权力的再生产——情理社会中的社会交换方式［J］. 社会学研究，2004：5.
［126］张金马 . 公共政策分析：概念·过程·方法［M］. 北京：人民出版社，2004.
［127］张维迎 . 大学的逻辑［M］. 北京：北京大学出版社，2004.
［128］张立军 . 新中国民族高等教育60年办学历程［J］. 民族高等教育研究，2013.
［129］张强 . 贯彻落实《教育规划纲要》加快推进民族教育发展［J］. 中国民族教育，2011：1.
［130］张应强 . 精英与大众：中国高等教育 60 年［M］. 杭州：浙江大学出版社，2009.
［131］张立军 . 新中国民族高等教育办学体制 60 年历程［J］. 民族高等教育研究，2013：1.

[132] 赵中建.21世纪世界高等教育的展望及其行动框架 [J]. 上海高教研究，1998：12.

[133] 赵锐，胡炳仙. 少数民族大学生国家认同现状及影响因素——基于Z民族院校的调查 [J]. 中南民族大学学报（人文社科版），2014：1.

[134] 中华人民共和国教育部. 2003—2007年教育振兴行动计划 [J]. 中国高等教育，2004：7.

[135] 中华人民共和国教育大事记（1949—1982） [M]. 北京：教育科学出版社，1984.

[136] 钟秉林. 现代大学学术权力与行政权力的关系及其协调 [J]. 中国高等教育，2005：19.

[137] 钟秉林，张斌贤，李子江. 大学如何协调学术权力与行政权力 [N]. 中国教育报，2005-02-04.

[138] 周雪光. 组织社会学十讲 [M]. 北京：社会科学文献出版社，2003.

[139] 周光礼. 学术自由与社会干预——大学学术自由的制度分析 [M]. 武汉：华中科技大学出版社，2003.

[140] 周光礼. 公共政策与高等教育———高等教育政治学引论[M]. 武汉：华中科技大学出版社，2010.

[141] 周光礼，吴越. 从管理到治理：大学章程再定位 [J]. 湖南师范大学教育科学学报，2014：13.

[142] 朱新梅. 知识与权力：高等教育政治学新论 [M]. 北京：教育科学出版社，2007.

[143] 庄西真. 学校中的“拟差序格局” [J]. 教育理论与实践，2007：7.

[144] 中央人民政府官网 [EB/OL] http：//www.gov.cn

[145] 中华人民共和国国家发展和改革委员会官网 [EB/OL]. http：//www.sdpc.gov.cn

[146] 教育部官网 [EB/OL] http：//www.moe.edu.cn

[147] 国家统计局官网 [EB/OL] http：//www.stats.gov.cn/
[148] 湖北省人民政府官网．[EB/OL].http：//www.hubei.gov.cn
[149] 中国学位与研究生教育信息网 [EB/OL].http：//www.cdgdc.edu.cn/
[150] 中国教育在线 [EB/OL].http：//www.eol.cn
[151] 中国人民大学官网主页 [EB/OL]. https：//www.ruc.edu.cn/intro.
[152] 东南大学官网 [EB/OL]. http：//www.seu.edu.cn/
[153] 同济大学官网 [EB/OL]. https：//www.tongji.edu.cn/
[154] 华中师范大学官网主页 [EB/OL]. http：//www.ccnu.edu.cn/
[155] 中南民族大学官网 [EB/OL].http：//www.scuec.edu.cn
[156] 西北农林科技大学官网 [EB/OL]. http：//www.nwsuaf.edu.cn/
[157] 北京大学官网 [EB/OL]. https：//www.pku.edu.cn/
[158] 中国药科大学官网 [EB/OL]. http：//www.cpu.edu.cn/
[159] 上海财经大学官网 [EB/OL].http：//www.shufe.edu.cn/
[160] 四川大学官网 [EB/OL].http：//www.scu.edu.cn/

外文文献

[161] Arthur，W.Brian. Increasing Returns and Path Dependence in the Economy. [M].Ann Arbor：University of Michigan Press，1994
[162] Banks，J.A. An Introduction to Multicultural Education [M].Boston：Allyn and Bacon，1994.
[163] Bryson. Strategic planning for public and non-profit organizations. [M]. San Francisco： Jossey-Bass， 1988.
[164] Clark Kerr. The Great Transformation in Higher Education [M]. State University of New York Press， 1991.
[165] David D. Dill.Academic accountability and university adaptation：The architecture of an academic learning organization [J].Higher Education，1999.38： 127-154.
[166] Derek Bok. Beyond the Ivory Tower： Social responsibility of the modern

University [M] . Cambridge, Mass: Harvard University Press, 1982.

[167] Edward C.Page. Political authority and bureaucratic power [C] , Harvest Wheatsheaf, 1992, Second Edition, 61.

[168] Gary Rhoades, Barbara Sporn.Quality assurance in Europe and the U.S.: Professional and political economic framing of higher education policy [J] , Higher Education .2002: 43.

[169] Henry M Levin (1987) . Education as a public and private good. Journal of Policy [J] .Analysis and Management.1987: 6.

[170] H.R. Kells.National higher education evaluation systems: Methods for analysis and some propositions for the rese.

[171] arch and policy void [J] .Higher Education, 1999 (38) : 209 - 232.

[172] Kerry J. Kennedy. Higher education governance as a key policy issue in the 21st century [J] . Educational Research for Policy and Practice 2002 (2) : 55–70.

[173] North, Douglass C.Institutions, Institutional Change and Economic Performance [M] .Cambridge: Cambridge University Press.1990.

[174] Patricia Gurin, Eric L.Dey, Sylvia Hurtada, Gerald.Gurin.Diversity and higher education: Theory and impact on eduactional outcomes [J] . Educational Research for Policy and Practice, 2001 (2) : 3–15.

[175] Peter A.Hall, Rosemary C.R.Taylor.Political science and the three new institutions [M] . Political studies, 1996: 936–957.

[176] Pross, Paul A. Group Politics and Public Policy [M] . Tornonto: Oxford University Press, 1986.

[177] Paul E Lingenfelter.The state and higher education: an essential partnership [J] .New Directions for Higher Eduction, 2004.127.

[178] W.R.Scott. Institutions and Orgnatizations.California [M] : Sage Publications.2001. 49–58.